Zafer Şenocak

Das Land hinter den Buchstaben

Deutschland und der Islam im Umbruch

Die Deutsche Bibliothek - CIP-Einheitsaufnahme
Şenocak, Zafer:
Das Land hinter den Buchstaben: Deutschland und der Islam im Umbruch /
Zafer Şenocak. - München: Babel Verlag, 2006
ISBN 3-928551-33-7

1. Auflage 2006

Umschlaggestaltung: Sami Garip
Satz: Sami Garip
Lektorat: Lina Krause
Druck: Druckerei & Verlag Steinmeier, Nördlingen
Printed in Germany
ISBN 3-928551-33-7

BABEL
VERLAG

Inhaltsverzeichnis

Das Land hinter den Buchstaben

Mein Vater – ein türkischer Lebenslauf 11

Der Kompass 19

Das Geheimnis der Nachmittage 21

Zwischen Koran und Sexpistols

Zwischen Koran und Sexpistols 29

Ein Kalif, der malt 35

Karikaturen des Glaubens
Europa wird der islamischen Welt immer ähnlicher 41

Spielräume für Mehrdeutigkeit I
Paradigmen für ein Gespräch mit den Muslimen 45

Spielräume für Mehrdeutigkeit II 49

Islam übersetzen 53

Die Vermessung des dunklen Kontinents 59

Offene Gesellschaft – auf den Kopf gestellt 63

Männer gegen Frauen: Wen bekämpft der islamistische
Terror wirklich? 65

Gefangene des eigenen Hauses 69

Männer in den Bergen 73

Gespräch über Bäume 77

Ungeschriebene Briefe an die Väter 79

Postskriptum 85

Islam, öffne dich! 87

Glaube und Krise 91

Zurück zum Menschen 95

Erinnerung an die übersetzende Religion 99

Kein Staatsschutz vor dem Islam 103

Ehre oder Würde?
Zwei Werte im Clinch 107

Warnung vor heiligen Stätten

Der Krieg in den Köpfen 115

Vom Teilen 119

Die beschädigte islamische Psyche
Eine psychologische Analyse des Nahostkonflikts 123

Das Scheitern der arabischen Welt 127

Heimat oder Vernunft?
Der misslungene Ausflug des Papstes 131

Deutschland: Standortübungsplatz

Emotionale Klimazonen 141

Die Zukunft der deutschen Vergangenheit 143

Deutsche Vergangenheit – eine Barriere vor der
Gegenwart? 147

Die Hauptstadt des Fragments 155

Adenauerplatz 163

Feindbild Mischling
Über die Irrtümer der deutschen Integrationspolitik 167

Erweiterte Geschmäcker
Plädoyer für eine neue Kulturpolitik 177

Auf der Suche nach der deutschen Hauptstadt 183

Dichter gibt Auskunft

Else Lasker-Schüler 191

Nelly Sachs 193

Brief an Heinrich Heine 195

Kleine Straßen meiner Kindheit 201

Rückkehr auf die Insel 205

Zwischen den Büchern 209

Dichter gibt Auskunft
Ein Telefoninterview 213

Veröffentlichungsnachweis 217

Das Land hinter den Buchstaben

Mein Vater – ein türkischer Lebenslauf

Mein Vater geht auf die Achtzig zu. Geboren 1926 in einer ostanatolischen Kleinstadt ist er nur unwesentlich jünger als die türkische Republik. "Republikkinder", nannte man diese Generation. Als sie eingeschult wurden, hatte sich die Türkei mit den Reformen Kemal Atatürks längst ein neues Gesicht gegeben. Mein Vater hat nicht mehr mit der ornamentreichen, geschwungenen arabischen Schrift Lesen und Schreiben gelernt, sondern mit den viel geradlinigeren lateinischen Buchstaben.

Die lateinische Schrift war der Kulminationspunkt einer Kulturrevolution, mit der sich die moderne türkische Republik einreihen wollte in die Völkergemeinschaft des "zivilisierten" Westens. Der Orient und somit auch der islamische Glaube galten als rückschrittlich. Einen Religionsunterricht gab es in den Schulen nicht mehr. Wenig später wurden auch die theologischen Fakultäten geschlossen, mangels Studenten, wie es offiziell hieß.

Ein Teil der Republikkinder nahm die neue Situation gelassen bis begeistert hin. Ein anderer Teil aber, und zu diesen zählte auch mein Vater, wandte sich ab. Er ließ sich beeinflussen von oppositionellen Traktatschreibern, die nicht müde wurden, die Abkehr vom Islam und vom kulturellen Erbe des Osmanischen Reiches als Irrweg, als Verrat am türkischen Volk und seinen Traditionen darzustellen.

Die repressiven Maßnahmen des Staates hielten die kritischen Stimmen von ihrer oppositionellen Haltung nicht ab, vielmehr wurden sie in den Augen vieler zu "heiligen" Kämpfern gegen ein Unrechtsregime, gegen Tyrannei und Unterdrückung. Dieser Gegensatz, dass nämlich die Werte und Vorstellungen der Moderne nicht nur für Emanzipation und Freiheit des Geistes standen, sondern auch zu ihrer Unterdrückung führten, schuf ein gespaltenes türkisches Bewusstsein in der Moderne. Emanzipation bedeutete auch Gendarmerie und Gängelung durch den Staat.

Rechtfertigen ließen sich die Zwangsmaßnahmen des Staates mit einer Revolutionsideologie, die ja einen neuen Menschen schaffen wollte, den Werten der Französischen Revolution und nicht den Leitmotiven und Regeln des Koran verpflichtet. Rationales Denken, Kampf gegen Aberglauben und Privatisierung der Religion wurden zum Staatsauftrag. Die Bürger hatten sich in den Dienst des Staates zu stellen und nicht umgekehrt.

So bekam die türkische Moderne, die eine spannende Literatur ebenso hervorbrachte, wie sie der Frau öffentliche Räume öffnete, auch ein militaristisches, totalitäres Gesicht. Sie produzierte auch solche Zwittergestalten wie meinen Vater.

In den Schulferien las der lesehungrige Junge nämlich nicht nur die Traktate islamischer Eiferer und Republikfeinde, sondern auch französische und russische Romane, Balzac und Tolstoi waren ihm nicht fremd. Das erste Buch, das mir mein Vater schenkte, war eine Kinderausgabe von *"Robinson Crusoe"*. Später konnte ich mit ihm über die Werke von Voltaire und Rousseau genauso debattieren wie über die Hadithe, die Spruchsammlungen des Propheten Mohammed.

In den dreißiger Jahren des vergangenen Jahrhunderts herrschte in der Türkei Aufbruchstimmung. Selbst in entlegenen Kleinstädten Anatoliens hatten Kinos und Buchhandlungen eröffnet, zumal, wenn es sich dabei um Garnisonsstädte handelte, wie die Heimatstadt meines Vaters. In der jungen türkischen Republik diente die Armee nicht nur der Landesverteidigung und der blutigen Niederschlagung zahlreicher Aufstände, sie war auch Produzent und Konsument, vor allem aber Überbringer kultureller Botschaften. Das Militär, allen voran die Offiziere, hatten Vorbilder zu sein. Sie lebten dem einfachen Volk den westlichen Lebensstil vor, nicht selten waren sie wissenshungrige Büchernarren und eifrige Kinogänger und Theaterbesucher. So erreichten Chaplins Filme, Bücher und illustrierte Zeitschriften aus den Kulturzentren des Landes auch meinen Vater.

Ein ehrgeiziges, staatlich gefördertes Übersetzungsprogramm machte den türkischen Leser mit den klassischen Werken Europas vertraut. Übersetzt wurden allerdings auch humanistische Werke aus der islamischen Aufklärung, wie das Werk von Ibn Haldun und die philosophischen und poetischen Arbeiten des Mystikers Dschalaladdin Rumi. Der Minister für Erziehung und Bildung, Hasan Ali Yücel, selbst ein "homme de lettres", war einer der Vordenker der türkischen Kulturrevolution. Er hatte auch die glorreiche Idee, die durch Hitlers Machantritt in Deutschland ausgegrenzten und arbeitslos gewordenen deutschen Spitzenwissenschaftler für türkische Hochschulen anzuwerben.

Europa war kein Vorbild zu dieser Zeit. Europa hatte die selbst aufgestellten und mühsam erarbeiteten Werte der Aufklärung verraten, mehrmals. Ob es das britische Imperium war, dessen Weltherrschaft nun in die Brüche ging, oder Hitlers kurzer, blutiger Traum vom Tausendjährigen Reich, Europa stand für Krieg, Plünderung und Unrecht. Die Türkei modernisierte sich in den zwanziger und dreißiger Jahren des vergangenen Jahrhunderts nicht mit der Rückendeckung Europas, sondern Europa zum Trotz.

Hätte die türkische Modernisierung nicht sanfter verlaufen können? Atatürks rigoroses Einschreiten und die radikalen, heute oft formal wirkenden Reformen werden damit gerechtfertigt, dass eine rückschrittliche, islamtreue Lobby jede Art von Erneuerung erbittert bekämpft habe. An dieser Begründung mag einiges stimmen. Die geistige und kulturelle Erneuerung des Landes ging gewiss nicht von den Moscheen aus. Im Gegenteil: der Typus des Hodscha, des Vorbeters, repräsentierte das Überholte, ja sogar das ethisch und moralisch morsche System der untergegangenen osmanischen Welt. Es ist allerdings auch nicht zu leugnen, dass die Atmosphäre des Kulturkampfes, die durch solche einseitigen Typisierungen geschaffen wurde, eine überlebenswichtige Notwendigkeit für das Regime war. Es brauchte den Kulturkampf zur Durchsetzung seiner Ideale.

Der Verzicht auf eine Diskussion und eine demokratische Streitkultur hat indes der Türkei eine schwere Hypothek aufgeladen. Denn es entstand ein von Militärapparat und Bürokraten repräsentierter Besserwisserstaat, der seinen Bürgern misstraut, sie gängelt, ihre Entfaltungsmöglichkeiten einschränkt. Es ist wohl kein Zufall, dass die Geschichte der modernen Türkei zahlreiche verfolgte Intellektuelle in sich trägt - kaum ein Schriftsteller oder Denker in der Generation meines Vaters, der nicht mit dem Gesetz in Konflikt geraten wäre.

Die Revolutionsromantik setzte den rationalen, auf positive Wissenschaften aufbauenden Charakter des Kemalismus fast wieder außer Kraft. Sie ersetzte ihn durch einen metaphysischen Heldenkult, der beinahe schon religiöse Züge trägt und eine kritische Auseinandersetzung mit der Geschichte fast unmöglich macht. Die Ideologisierung der Wissenschaft war keine Alternative mehr zur Religion, sondern wurde immer mehr selbst zu einer pseudoreligiösen Anschauung.

Mein Vater blieb von Anfang an skeptisch. Als muslimischer Intellektueller, Publizist und Verleger setzte er sich ab den fünfziger Jahren dafür ein, dass der Islam mehr Gewicht im öffentlichen Raum erhielt. Mit Erfolg. Die ersten freien Wahlen 1950 brachten die oppositionelle Demokratische Partei an die Regierung. Die Partei des Staatsgründers Atatürk hatte verloren. Imamschulen wurden eröffnet, Religionsunterricht kehrte in die Schulen zurück, Moscheen wurden wieder gebaut, viele durch private Spenden finanziert. Das türkische Volk war muslimisch, daran hatte sich auch nach der kemalistischen Revolution nichts geändert.

Mein Vater hasste Atatürk. Für ihn war er nichts weiter als ein degenerierter Pascha, ein Diktator, der den Islam verraten hatte. Mein Vater war ein "gerici", ein Rückschrittlicher in den Augen kemalistischer Ideologen. Doch er war auch weit entfernt von jenen Positionen, die heute dem politischen Islam zuzuordnen sind. Er war nicht gegen eine Reformierung der türkischen Gesellschaft. In seinen Augen konnten, ja mussten auch die Grundsätze des islamischen Glaubens kritisch betrachtet werden. Dass man dies aufgegeben hatte, war für ihn der eigentliche Grund für die anhaltende und sich zuspitzende Krise in der islamischen Welt. "Denkfaul" seien sie geworden, die Muslime, pflegte er in Diskussionen zu sagen. Mit solcher Kritik machte er sich auch eine Menge Feinde unter den "Denkfaulen". Er wurde isoliert, sogar verstoßen. "Ein Fremder unter den Muslimen", so lautet denn auch der Titel seiner Autobiographie, die er letztes Jahr in der Türkei veröffentlichte.*

Mein Vater wollte nicht, dass der muslimische Glauben durch den Glauben an Wissenschaft und Moderne ersetzt würde. Wissenschaft könne den Glauben sowenig ersetzen, wie der Glaube die Wissenschaft. Beide müssten nebeneinander existieren dürfen. Die Wahrheit, die der Mensch mit seinen Möglichkeiten erfahre, sei nur relativ zu sehen gegenüber einer nicht messbaren "göttlichen" Wahrheit. So dachte mein Vater und suchte nach einem vermittelndem Weg zwischen rationalem Denken und Glaubenswelt. Dass der Islam im Mittelalter eine hochspannende und reiche philosophische Tradition hervorgebracht hatte, die weit über Kirchenscholastik hinausging, war ihm Beleg für die Möglichkeit einer islamischen Renaissance.

Doch hätte es eine Modernisierung der türkischen Gesellschaft geben können, ohne eine radikale Ablehnung des muslimischen Erbes? Standen muslimische Geistliche den Reformern nicht im Weg? Zahllose Streitgespräche habe ich mit meinem Vater über diese Fragen geführt. Auch darüber, warum er denn 1970 die Türkei verlassen hat, um nach Deutschland zu gehen. Seine Antwort darauf war lapidar: Deutschland sei ein Rechtsstaat, der die Meinungsfreiheit garantiere, die Türkei dagegen nicht.

Wenige Jahre zuvor hatte der türkische Staat die Ausfuhr einer von ihm herausgegebenen Zeitschrift ins Ausland verboten, mit der Begründung, die Zeitschrift würde dem Ansehen der Türkei im Ausland schaden. Konnte man es einem muslimischen Intellektuellen übel nehmen, dass er keine Sympathien für ein System hegte, das ihm freies Denken und Arbeiten unmöglich machte? Dass die Linken in der Türkei freilich ähnlichen Sanktionen ausgesetzt waren, interessierte meinen Vater dagegen wenig.

* Kemaleddin Şenocak: Müslümanlar Arasında Bir Garip Yolcu. Istanbul 2004.

Freiheit beanspruchte er nur für sich und nicht für andere. Dass sein Kampf um eine muslimischere Türkei daher kein Kampf für ein freies, demokratisches Land war, habe ich ihm vorgehalten, seit ich denken kann.
Die Freiheit kann nichts anderes sein als die Freiheit des Andersdenkenden; diese Weisheit musste in der Türkei erst schmerzhaft erlernt werden. Mehrere Militärputsche waren dafür nötig.

Diese elementare Botschaft scheint jedoch inzwischen bei der Mehrheit der türkischen Bevölkerung angekommen zu sein, vor allem bei der jungen Generation von muslimischen Politikern, die heute regieren, und genau diese Erkenntnis macht es ihnen vielleicht möglich, das Land von Grund auf zu reformieren und in eine funktionsfähige Demokratie zu verwandeln.

Die Kemalisten indes haben noch immer nichts dazu gelernt. Sie sperren sich mit allen Mitteln gegen eine Reform des türkischen Staates, gegen mehr Rechte und Freiheiten für Bürger, gegen einen Staat, der im Dienste der Bürger steht und nicht umgekehrt, gegen eine kritische Aufarbeitung der Vergangenheit, die ihre Mythen zu zerstören droht. Ihre Zeit ist abgelaufen.

Sie haben allerdings noch eine wirkungsvolle Trumpfkarte in der Hand. Es ist die Angst vor dem Islam, vor solchen Personen wie vor meinem Vater. Zu Recht hätte man ihm noch vor zwanzig Jahren vorwerfen können, er wünsche sich Meinungsfreiheit und bürgerliche Rechte nur, um sie wieder abzuschaffen. Doch der Lernprozeß, den er und vor allem "die Jungen", wie er sie nennt, durchgemacht haben, ist nicht nur für die Türkei von Interesse. Er ist der Schutzbrief gegen eine Radikalisierung und Politisierung des Islam, wie sie heute, ausgehend von arabischen Staaten und dem Iran, den Weltfrieden bedrohen. Das hat mein Vater früh erkannt. Er opponierte vehement gegen den Demagogen und "Taschenspieler" Erbakan, der in den neunziger Jahren in der Türkei dabei war, dem politischen Islam zum Sieg zu verhelfen, einem politischen Islam, der antiwestlich, fundamentalistisch und antisemitisch ist. Doch nicht er hat gewonnen, sondern "die Jungen", deren Politik keinen Deut mehr von muslimischer Demagogie gegen den Westen in sich trägt.

Die türkischen Muslime strecken Europa die Hand hin. Wird sie ausgeschlagen oder akzeptiert? Nichts anderes steht hinter der Frage einer türkischen Mitgliedschaft in der Europäischen Union. Manche Konservative haben die Tragweite dieser Entscheidung noch nicht begriffen. Oder sie handeln bewusst ablehnend, wollen einen Konflikt der Zivilisationen provozieren, vielleicht auch, weil sie überfordert sind durch die kulturelle Melange der Globalisierung, die muslimische Emigration nach Europa, die viele Fragen und Probleme aufgeworfen hat. Doch zum Handschlag gibt es keine Alternative.

"Europa hängt immer noch der Kirchenmoral nach." So kommentiert mein Vater die zurückweisende Haltung vieler konservativer Europäer gegenüber der Türkei. "Sie haben nichts gelernt aus der Geschichte." Mich befriedigt es, eine solche Feststellung aus dem Munde eines in die Jahre gekommenen muslimischen Intellektuellen zu hören. Wenn ich ihm auch entgegne, dass es doch nicht nur eine Kirche und nur eine Kirchenmoral gibt, so weiß ich dennoch, was er meint. Auch ich kann nicht akzeptieren, dass unter dem Deckmantel der Aufklärung und des Humanismus' eine kulturalistische, rassistische Ideologie verfolgt wird, die nur die Andersartigkeit des Anderen betont. Die in der Kultur eine undynamische und unbewegliche geistige Kraft sieht, die eindeutige Identitäten beschreibt. Ja, auch diese Sichtweise gibt es in Europa. Sie wird nur noch von Extremisten offen ausgedrückt. Doch diese Extremisten, namentlich Jean-Marie Le Pen in Frankreich und Jörg Haider in Österreich, haben es zum Teil geschafft, das geistige und politische Klima so weit zu vergiften, dass manche ihrer Gedanken heute hoffähig geworden sind. Der fremdenfeindliche Kulturalismus, der von "den Kulturen", "den Muslimen", "den Christen" usw. spricht, hat wieder Zulauf. Vor allem christliche Demokraten und aufgeklärte Konservative sollten dieser Regression des aufgeklärten Denkens entgegentreten. In der türkischen Regierung haben sie zum ersten Mal in der Geschichte einen wirklichen Gesprächspartner, der sich der offenen Aussprache stellt und Probleme nicht unter den Teppich kehren möchte. Diese Chance historisch zu nennen dürfte nicht übertrieben sein.

Die widersprüchliche Gestalt meines Vaters hat mir geholfen, vermeintliche Gegensätze nicht immer in schwarz-weiße Bilder zu gießen. Die Grautöne sind immer da und aussagekräftig für den, der sie wahrnehmen will. "Orient" und "Okzident" mögen nach wie vor die Denkschablonen von Kulturalisten und Nationalisten aufrechterhalten. Sie existieren in unserer kommunikativen Welt aber nur noch als irrationale Fiktionen. Sie sind falsche, gefährliche Zeugen.

Der Kompass

Auf Reisen hatte mein Vater immer einen kleinen Kompass dabei. Wenn wir unser Reiseziel erreicht hatten, war das erste, was mein Vater tat, ihn auf einen Tisch zu legen. Der Kompass musste auf einer glatten Oberfläche liegen. Dann drehte ihn mein Vater, bis die blaue magnetische Nadel nach Norden zeigte.

"Dort ist Mekka", sagte er und deutete mit dem Zeigefinger in südöstlicher Richtung, wenn wir nicht weit von Zuhause, also in Europa waren. Ich hatte begriffen, dass es vier Richtungen gab, die aus irgendeinem Grund Himmelsrichtungen hießen, auch wenn man sie dazu verwendete, sich auf der Erde zurecht zu finden. Auf den Norden kam es also an. Ohne den Norden waren die anderen Richtungen verloren.

"Liegt Europa im Norden?"

"Es kommt darauf an wo du gerade bist."

"Wie kann ein Ort in verschiedenen Richtungen sein?"

"Es kommt immer darauf an, wo du selbst bist. Wenn du groß bist, wirst du das verstehen."

Ich hätte mir vom Kompass gerne noch andere Orte zeigen lassen, New York beispielsweise, Peking oder Buenos Aires, aber mein Vater winkte ab:

"Wir sind keine Seefahrer. Wir wollen nur beten."

Mit dieser Begründung packte er seinen Kompass wieder ein, wenn der seine Funktion erfüllt hatte. Er geht jetzt schlafen, dachte ich mir. Doch was wird aus den ganzen Richtungen, wenn der Kompass schläft? Machen sie sich selbständig, irren sie umher, so wie jemand, der seinen Kompass zu Hause vergessen hat?

"Warum musst du gegen Mekka beten?", wollte ich von meinem Vater wissen, wenn er fertig war mit seiner Gebetsübung, mit seinen Kniebeugen und dem Stirn auf den Boden legen. "Ist nicht die ganze Welt von Gott erschaffen worden? Ist nicht jeder Ort, jeder Stein, jedes Haus sein Werk?"

"Du darfst Gottes Werk nicht mit dem Werk der Menschen verwechseln", entgegnete er mir.

Doch war der Kompass nicht auch Menschenwerk? Auf seiner Rückseite gab es eine Prägung. Sie war schon etwas angegriffen. Aber ich konnte die Schrift entziffern, sobald ich lesen konnte: "Made in Italy".

Zu Hause braucht man keinen Kompass, da kennt man schon die Gebetsrichtung. Wer keinen Kompass besitzt, muss zu Hause bleiben.

Manchmal auf großen Reisen, die uns durch Länder führten, deren Namen ich noch nie gehört hatte, beschlich mich das Gefühl, dass wir Mekka umkreisten. Denn mein Vater änderte von Ort zu Ort seine Gebetsrichtung wie im Kreis. Angenommen, man irrt in der Richtung und legt die Stirn auf den Boden Richtung Moskau. Liegt von Kapstadt aus gesehen Mekka nicht auf dem Weg nach Moskau? Wie unglücklich hätte eine solche Verirrung meinen Vater gemacht. Zum Glück waren wir nie in Kapstadt.

Irgendwann, wenn mein Vater nicht mehr ist, werde ich seinen Kompass erben. Er wird mir mit seiner zuverlässigen Nadel den Weg weisen, nicht nur nach Mekka, sondern auch nach New York, Peking oder Buenos Aires.

Das Geheimnis der Nachmittage

Wenn ich an meinen Vater denke, fällt mir immer Papier ein, bedrucktes oder beschriftetes Papier. Papier, das sich auf seinem Schreibtisch stapelte, das Papier der Bücher in den Regalen seiner Bibliothek und auf dem Boden des Zimmers. Als ich noch nicht lesen konnte, sah ich mir die Schriftzüge auf dem Papier an und dachte dabei, dass es ein Land geben müsse, hinter den Buchstaben. Die Buchstaben hatten keinen Geruch. Jedes Buch aber roch anders. Ich hatte es mir angewöhnt, ein Buch, das ich in die Hand nahm, zuerst zu beriechen. Im Kopf sind die Sinne immer in Bewegung. Die Funktionen, die man Sinnesorganen zuschreibt, sind wandelbar. So kann man mit der Nase sehen, mit den Augen riechen. Das Riechen wurde zu einem Ritual, eine Art Begrüßungsformel, mit der ich mich mit einem Buch bekannt machte. Sein Geruch sagte mir, wie alt es war, ob und wie oft es gelesen worden war.

Für mich, des Lesens noch nicht kundig, war der Geruch eines Buches sein persönliches Kennzeichen, das es von anderen unterschied. Da jedes Buch anders roch und die Gerüche sich in der Bibliothek vermischten, hatte das Arbeitszimmer meines Vaters einen anderen Geruch, als die restlichen Räume des Hauses. Auch nachdem ich lesen gelernt hatte, habe ich mir dieses "mit der Nase Lesen" nicht abgewöhnt. Ich habe den Geruch vergilbter Seiten alter Bücher immer in der Nase, so wie ich die Schriftzeichen vor Augen habe. Und ich bilde immer noch ein, dass es ein Land hinter den Buchstaben gibt, auch wenn unzählige Lehrer und andere Besserwisser versucht haben, mir diesen Gedanken auszureden. Sie nahmen dabei Wörter in den Mund wie "Frevel", "Gotteslästerung", "Häresie". Allesamt Wörter, die ich in Lexika nachschlagen musste, um ihre Bedeutung zu begreifen. Doch die Weisheit und die Deutungshoheit der Wörterbücher sind nur begrenzt, wenn man an das Land hinter den Buchstaben glaubt.

Als ich noch klein war, dachte ich, mein Vater wäre ein Flugzeugbauer. Denn Papier interessierte mich damals in erster Linie, um Flugzeuge zu bauen. Später glaubte ich, er sei ein Geheimniskrämer. Denn ich hatte Schreiben gelernt und begonnen, mich dem Papier anzuvertrauen. Ich hatte seine Verschwiegenheit schätzen gelernt, bis eines Tages meine Tagebücher in die Hände von Nachbarskindern fielen. Da wusste dann das gesamte Viertel Bescheid, dass ich Gedichte schrieb und komische Einfälle hatte, die ich mich auch noch zu formulieren traute.

Ich wurde von meinen Kameraden mit meinen eigenen "Bonmots" empfangen und verabschiedet, nicht selten in leicht verfälschter Form, weil ein Gedächtnis nicht gut funktionierte oder der Überlieferer des Gedankens Schwierigkeiten beim Entziffern meiner Schrift gehabt hatte. Ein Anlass mehr, um die Straße und die Spielplätze zu meiden, so lange wie möglich zu Hause zu bleiben und zu lesen.

Mein Vater war vor allem ein Leser. Sein Stuhl am Schreibtisch, auf dem immer ein aufgeschlagenes Buch lag, war nie lange verwaist. Immer wenn er sich zum Lesen hinsetzte, war ich in seiner Nähe und tat dasselbe.

Ich verstand selten was ich las. Bis heute habe ich nicht ganz begriffen, was Verstehen heißt. Schon gar nicht kann ich begreifen, dass man um des Verstehens willen liest. Man kann doch nur verstehen, was man kennt. Zumindest muss man die Wörter erkennen können. Warum aber sollte man Lesen, um auf Bekanntes zu stoßen? Lesen wird für mich immer dann spannend, wenn es mich in eine unbekannte, verschlüsselte Welt führt. In die Welt meines Vaters zum Beispiel, die manchmal sogar aus fremdartigen Buchstaben bestand, die ich reizend fand, ohne sie in Laute verwandeln zu können.

Vielleicht war mein Vater doch ein Geheimniskrämer, der ein geheimes Archiv verwaltete oder über ein Wissen verfügte, das nur wenige Eingeweihte mit ihm teilten.

Mit der Zeit bemerkte ich, dass fast alle Freunde meines Vaters diese geheimnisvolle Schrift lesen konnten. Er empfing sie immer am Freitagnachmittag, zum Ausklang der Woche. Sie schlossen sich im Arbeitszimmer ein. Bei diesen Zusammenkünften durfte ich nicht dabei sein. Ich drückte mein Ohr an die Tür und lauschte. Von draußen war nichts zu hören. Auch das Schlüsselloch brachte keine Erkenntnis. Im Zimmer herrschte Totenstille. Entweder flüsterten sie oder lasen still in sich versunken in einem Buch. Bis einer von ihnen zu singen anfing, in einer Sprache, die ich nicht verstand. Gerne wäre ich in diesem Augenblick dabei gewesen, aber ich durfte nicht, und weil ich ein folgsamer Junge war, traute ich mich auch nicht, die Tür zu öffnen.

So blieb mir die Welt der Freitagnachmittage verschlossen. Ich sollte dankbar dafür sein, denn diese verborgene Welt hat lange Zeit meine Phantasie angeregt. Das verschlossene Zimmer wurde zu einem Hinterzimmer meiner Gedanken. Vielleicht berührten sich die Männer auf unanständige Weise, bevor sie zu singen anfingen. Oder sie betranken sich heimlich. Oder sie spielten einfach nur Karten. Das würde erklären, warum wir unser Haus verkaufen mussten, noch bevor ich die Schule abgeschlossen hatte und ausgezogen war.

Nichts davon stimmte.

Mein Vater war ein Mann heiliger Schriften. Einer, der nur davon sprach, was er gelesen hatte und einer, der mehr las als sprach. Der Freitagnachmittag war alles, was ihm von seinem Glauben übrig geblieben war, als er meine Mutter, eine verwöhnte, hochnäsige Dame aus der besseren Gesellschaft, ehelichte.

Das Haus, einer der letzten alten Pavillons in unserem Viertel, hatte ihrem Vater gehört, der auf einer Geschäftreise in den Orient ums Leben gekommen war. Da auch seine Witwe bald darauf verstarb, war meine damals halbwüchsige Mutter wohl das begehrteste Waisenkind in der Stadt. Viele Hände streckten sich nach ihrer Hand. Doch sie blieb standhaft, bis auch der hartnäckigste Verehrer aufgab und sie in Ruhe ließ. Eines Tages aber, als keiner mehr von ihr sprach, begegnete sie meinem Vater.

Wahrscheinlich imponierte er ihr, weil er der erste und einzige Mann war, der ihr nicht nachstellte. Stattdessen bediente er sie in seinem Geschäft, höflich und zuvorkommend. Er war Honigverkäufer. Das heißt, tagsüber verkaufte er den Honig aus der familieneigenen Imkerei, abends studierte er heilige Schriften oder traf seine Freunde, um mit ihnen zu singen.

Obwohl Gott zwischen ihnen stand, zur einen Seite zürnend, zur anderen Güte strahlend, hielt ihre Ehe, weil sie einen Vertrag gemacht hatten, an den sie sich strengstens hielten.

Nur ich sorgte manchmal für eine Konfusion. Sollte mir die fremde Schrift beigebracht werden? Durfte ich irgendwann an einem Freitagnachmittag in das Arbeitszimmer, das meine Mutter spöttisch "Nachmittagszimmer" nannte? Sie hatte mir den Zugang untersagt und widersetzte sich auch den Bitten meines Vaters, einmal eine Ausnahme zu genehmigen, mit dem Hinweis auf den Vertrag. Während meine Mutter das Haus dominierte, war das verbotene Zimmer ein von ihrer Herrschaft befreiter Raum, ein Herrenzimmer, dunkel, muffig und mysteriös, im Gegensatz zum hellmöblierten, weiträumigen, gut durchlüfteten Haus. Dieser Gegensatz sollte unangetastet bleiben, auch wenn er mich verwirrte. So blieb die Liebe zwischen meinen Eltern auf dem Papier geregelt, eine Liebe ohne Ausnahmezustände, und meine Erziehung folgte den Regeln dieser vertraglichen Übereinkunft.

Dabei fiel meiner Mutter die Rolle der unerbittlichen Gesetzeshüterin zu, die verhinderte, dass die Übereinkunft mit meinem Vater ausnahmsweise außer Kraft gesetzt und auf meinem Wunsch hin großzügig ausgelegt werden durfte. In meiner Vorstellung war sie nicht nur aufgrund ihrer im Vergleich mit meinem eher kleinwüchsigen Vater imposanten Erscheinung mit Macht ausgestattet, sondern auch durch ihre wortgewandte Verteidigung der Regeln zu Hause. Ihr fielen immer neue Sprüche ein, über die man nachdenken musste. Ich respektierte sie anders als meinen Vater, ohne den Bann eines Geheimnisses, in Folge nackter Tatsachen und klar definierter Grenzen, die meine Freiheiten einschränkten.

Vater und Mutter unterschied ich aber auch an ihren Gerüchen. Während mein Vater meistens nach Papier roch, außer wenn er sich frisch rasiert hatte, was selten genug vorkam, changierten die Gerüche meiner Mutter je nach Tageszeiten. Morgens hatte sie einen frischen Duft, abends eher einen herben. Wenn sie ausging, roch sie wie eine Person, die aus der Ferne kam und mit unserem Zuhause nicht das geringste zu tun hatte. Vor allem dieser Geruch der Fremden erregte mich. Ich fühlte mich zu ihr hingezogen, wie jemand, der sich verlaufen hatte und verzweifelt nach dem Weg suchte, der ihn nach Hause bringen würde. Dabei ahnte ich, dass die Wege meiner Mutter mich immer weiter von Zuhause entfernten und mich hoffnungslos irren lassen würden in einer weiten, mir unbekannten Welt.

Der Glauben meines Vaters hat mich weder gläubig noch ungläubig gemacht. Ich kann weder den Eifer der einen noch der anderen verstehen. Glauben und Geheimnis gehören für mich untrennbar zusammen. Mit einem Glauben, der öffentlich paradiert, gar schreienden Halses unter die Menschen gebracht wird, kann ich gar nichts anfangen. Der nachmittags in einem verschlossenen Zimmer aus der Stille empor wachsende Gesang aber klingt noch heute in meinen Ohren.

Ich habe nie verstanden, warum meine Mutter genau zu diesen Zeiten das Haus verließ. Im Sommer pflegte sie immer an den nahen Strand zu gehen, obwohl sie nicht schwimmen konnte. Dort traf sie sich mit ihren Freundinnen, blätterte in Modezeitschriften, in der Hand ein kühles Getränk. Vielleicht ertrug sie die Stille in unserem Haus nicht. Denn wenn mein Vater seinen Besuch empfing, waren weder er noch die Besucher zu sehen. Wahrscheinlicher aber ist, dass es in ihrem Vertrag so geschrieben stand.

Zwischen Koran und Sexpistols

Zwischen Koran und Sexpistols

Nach jedem von jungen Muslimen durchgeführten Terroranschlag erleben wir die gleichen Rituale. Aufgeregte, im Dunkeln tappende Medien versuchen, die Motive der Attentäter zu ergründen und der Frage nachzugehen, wie hoch das Gefahrenpotential in den einzelnen europäischen Ländern ist, in denen Muslime leben. Eilig herbeigerufene religiöse Oberhäupter betonen die Bedeutung und Notwendigkeit des Dialogs zwischen den Religionen, als ginge es darum, einen Glaubenskrieg zu verhindern. Bei derartigen Tischgesprächen wird immer wieder betont, wie friedensgerichtet die Botschaft der Religionen doch eigentlich sei. Insbesondere die muslimischen Funktionäre und Geistlichen sind bemüht, die Sorgen und Ängste der Nichtmuslime zu zerstreuen. Sie sind die Lückenbüßer einer nicht existierenden islamischen Öffentlichkeit. Sie erinnern dabei an Totengräber, weil sie immer nur nach Terrorattacken ihren Auftritt haben. Diese blutigen Attentate hätten mit dem Islam nichts zu tun und seien keineswegs zu billigen, heißt es in ihren Verlautbarungen einhellig. Deutliche Worte, die doch nichts bedeuten.

Denn das, was geschehen müsste, findet nicht statt. Die Muslime nämlich müssten sich die Frage stellen, warum die Attentäter ausgerechnet aus ihren Kreisen kommen? Woher der Hass kommt, der so weit geht, nicht nur andere sondern auch sich selbst zu zerstören? Nicht der Dialog der Religionen, sondern ein Dialog unter den Muslimen ist erforderlich. Wo aber findet er statt? Von wem wird er geführt?

Der Islam ist nach wie vor eine Religion der Gemeinschaft und kein Glaube des Individuums. Die Mitgliedschaft in der Gemeinschaft der Gläubigen ist für den praktizierenden Muslim existentiell. In ihr erfährt er Rückhalt und Nestwärme. Die Gemeinschaft ist besonders attraktiv für alle, die an der individualistisch orientierten Moderne zweifeln und verzweifeln. Muslime sind in besonderem Maße einer Gruppendynamik ausgesetzt, die den Freiraum des Einzelnen und seine Entfaltungsmöglichkeiten stark beschneidet.

Im Gegensatz zum Christentum, das für die einzelnen Gläubigen heute weitgehend eine psychotherapeutische Funktion erfüllt, stellt der Islam nach wie vor Ansprüche an die Gesellschaft und das soziale Leben. Diese Ansprüche sind jedoch nicht das Ergebnis von Denkleistungen, sondern von Memorieren und der Nachahmung überlieferter Tradition. Somit ist eine ihrer kreativen Energie beraubte Ideologie entstanden, die prädestiniert dafür ist, Gewalt auszulösen und Gewaltpotentiale in Gang zu setzen. Erdachter Anspruch und erlebte Wirklichkeit klaffen für viele Muslime so weit auseinander, dass sie sich permanent in schizophrenen Lebenssituationen wiederfinden.

Vor zwanzig Jahren saß ich an der Übersetzung des lyrischen Werks von Yunus Emre, einem anatolischen Mystiker aus dem 13. Jahrhundert. Was brachte mich, einen in der Türkei geborenen, in Deutschland aufgewachsenen, auf Deutsch schreibenden angehenden Lyriker dazu, die Gedichte eines islamischen Mystikers aus dem Mittelalter zu übersetzen? Zugegeben, es waren ästhetisch reizvolle Texte, mit denen ich es da zu tun hatte. Sie entfalteten nicht nur poetische Kraft, sie legten auch Zeugnis davon ab, dass es in der muslimischen Literatur individuelle Stimmen gegeben hatte, die jenseits von dogmatischen Überzeugungen und Gruppenmechanik die Einsamkeit und Verzweiflung eines Einzelgängers beschrieben. Der Blick auf die Anderen in Yunus Emres Werk war ein ganz anderer als der Blick in religiös motivierten Texten muslimischer Gelehrter. Die Grenzen zwischen Glaube und Unglaube und zwischen den Religionen waren durchlässig, der Blick auf den Anderen war nicht durch die Rhetorik des Eigenen getrübt, vielmehr ein befremdeter Blick auf das Eigene:

"Meine Liebe reicht über's Herz hinaus / Ich kenn einen Weg weiter drinnen / Ungläubig wird wer vom Glauben abweicht / Welch ein Unglaube noch weiter drinnen / Sag nicht ich bin in mir bin ich nicht / Es gibt ein Ich in mir weiter drinnen... / Glaube und Gesetz sie treffen mich nicht / Welche Richtung schlage ich ein weiter drinnen."

Die Übersetzung dieser Gedichte war eine sprachliche Herausforderung, literarisch überaus reizvoll. Doch mit meiner deutschen Lebens- und Denkwirklichkeit hatten diese Gedichte fast nichts zu tun. Oder doch? Um mich herum tobte sich gerade die No-Future Generation aus. Wer noch einen Sinn im politischen Engagement sah, fand sich in den Armen etablierungshungriger Achtundsechziger wieder.

Yunus Emre aber war mein Anker in eine andere Zeit und Welt. Es war so, als führte mir bei der Übersetzung jemand aus meiner Kindheit die Hand, einer Kindheit, in der die islamische Kultur in ihrer gelebten und gedachten Form eine große Rolle gespielt hatte.

Was soll man sich unter einem so allgemeinen wie konturlosen Begriff der "islamischen Kultur" vorstellen? Eine Religion, die die Lebensweise der Gläubigen bis in alle Details festlegt, eine vollkommene Sinnmaschine sozusagen, auf technische Funktionen beschränkt und diese in ständiger Überwachung immer funktionstüchtig haltend. Das gab es zumindest als Anspruch. Die Wirklichkeit aber provozierte die Übertretung der strengen Regeln, die Hinterfragung der muslimischen Lebensweise. Gab es in dieser Welt der Gebete und Vorschriften so etwas wie einen sinnlichen Raum, eine Existenzform des Geistes? Wenn es einen solchen Raum gab, dann konnte man ihn in Texten finden, in solchen wie sie Yunus Emre, der anatolische Derwisch, hinterlassen hatte. Diese Texte sperrten sich eben nicht meiner Umgebung und der Zeit, in der ich lebte und die doch so entfernt war, von der Zeit und der Umgebung, in der sie entstanden waren. Vielmehr setzten sie problemlos über in die Welt der Anderen, die längst meine eigene geworden war.

Ohne die Arbeit an Emres Werk hätte eine harte Grenze meine Innen- und Außenwelt getrennt, wäre ich zwischen Koran und Sex Pistols ein Opfer unvereinbarer Gegensätze geworden. Das Elternhaus auf der einen, Schule und Freizeit auf der anderen, Herkunft Türkei versus Lebensmittelpunkt Deutschland. Für meine kreative Arbeit, letztlich für meine Existenz schlechthin, wurde die Durchlässigkeit dieser Grenzziehungen zur Voraussetzung.

Jede Grenze trennt und verbindet zugleich, sie kann Schranke sein, aber auch Übergang. Längst leben wir in einer Welt, in der nicht das Trennende, sondern das Verbindende schmerzt. Den Schmerz, den heute viele Menschen, die unterschiedlichen kulturellen Einflüssen ausgesetzt sind, empfinden, in Sprache zu fassen, sein kreatives Potential auszuschöpfen, ist das ästhetische Programm der Gegenwart. Wir nehmen die Welt selektiv wahr und ordnen sie dann im Geiste immer wieder zu einem Ganzen. Was aber passiert, wenn dieses Ordnungsprogramm scheitert? Wenn die einzelnen Bruchstücke sich nicht mehr einordnen lassen in ein persönliches Ordnungsgefüge? Wenn die harten Bruchlinien zu eiternden Nahtstellen werden, wenn der Schmerz unerträglich, die Wunde unheilbar wird? Das Aufeinanderprallen gegensätzlicher Welten braucht eine übersetzende Kraft, deren Zweck nicht in der Nivellierung von Unterschieden, wohl aber im Transfer von unterschiedlichen Deutungen liegt.

Jede Übersetzung ist eine Deutung, die Beleuchtung eines Begriffes aus unterschiedlichen Perspektiven. Wenn die Leuchtkraft abnimmt, bleibt vieles im Dunkeln. Aus dem Dunkeln erwachsen Ängste und Aggressionen. Es ist verständlich, dass nach jedem von jungen Muslimen durchgeführten Terroranschlag der Ruf nach einem liberalen, toleranten Islam laut wird, merkwürdiger Weise begleitet von einem Ruf nach mehr Staat und Kontrolle. Doch angesichts der gewaltigen philosophischen und psychologischen Dimension des Konflikts erscheinen diese gutgemeinten Einwürfe wie unbeholfene Gesten einer allgemeinen Ratlosigkeit.

Ist der Gott der heiligen Bücher wirklich so gewaltfrei, wie man es in diesen Tagen immer wieder zu hören bekommt? Gibt es nicht auch einen zürnenden, strafenden, einen Rechenschaft verlangenden Gott der drei monotheistischen Religionen, zumindest gleichberechtigt neben dem barmherzigen, vergebenden Gott? Gibt es nicht in der Kultur der Moderne, die man zumindest bis zur Renaissance zurückverfolgen kann, die Tendenz, den Menschen an Stelle Gottes zu setzen, im Guten wie im Bösen? Und in welchem Spannungsverhältnis steht diese Hybris zur Relativierung von Macht und Wahrheit, die ebenfalls zum Grundstein offener, pluralistischer Gesellschaften geworden ist?

Fragen, die meistens auf der Strecke bleiben, weil man sich vorschnell auf sogenannte gemeinsame Nenner wie Nächstenliebe und Wertschätzung des Menschenlebens geeinigt hat. Doch gemeinsame Nenner in Form von schnell konsumierbaren Schnittmengen gibt es nicht mehr, ebenso wenig wie es Kulturen gibt, die man als abgeschlossene Kreise beschreiben könnte.

Orient und Okzident, Islam und Christentum, Tradition und Moderne begegnen sich bestenfalls in Museen oder anachronistischen Veranstaltungen. Was Menschen heute prägt, was sie so handeln lässt, wie sie handeln, ist ein Gemisch, eine Legierung aus den vielen versprengten Teilchen kultureller Entitäten, die nicht einmal geographisch eindeutig lokalisierbar sind. Die Taliban sitzen eben nicht nur in den Bergen Afghanistans, sondern auch in den Köpfen von Menschen, egal ob die in London oder New York leben.

Der Mensch unserer Zeit leidet an einem Erschöpfungszustand, herbeigeführt durch Vielfalt. Das macht den Ruf nach Einfalt gefährlich attraktiv und einen rigiden Modernismus, der Differenzierung abverlangt und Individualisierung einfordert, ineffektiv. Mit halbherzig formulierten kosmopolitischen Idealen ist den Männlichkeitsritualen religiöser Fanatiker ebenso wenig beizukommen, wie dem Wiedererstarken nationalistischer Stimmungen.

Also zurück zur Ordnung? Doch zu welcher? Zurück in welche Zeit? Nein, wir, die Aufgeklärten, können nicht zurück. Was wir allerdings könnten, wäre der Versuch, uns selber besser zu verstehen. Die Fragen, die wir an den Anderen stellen, auch an uns selbst zu richten. Einen Dialog im Inneren führen, bevor wir das Wort an den Anderen richten.

Ein Kalif, der malt

1924 wurde in der Türkei das Kalifat abgeschafft. Der Kalif Abdülmecid Efendi musste das Land verlassen. Fast vierhundert Jahre lang hatte der Osmanische Sultan zugleich den Titel des Kalifen getragen. Er galt als das geistige Oberhaupt aller Muslime auf der Welt.

Abdülmecid Efendi war ein begnadeter Maler. Er malte nicht nur Landschaften in impressionistischer Manier, berühmt war er auch für seine Porträts und Aktbilder. Das Oberhaupt der Muslime als Aktmaler, so etwas ist heute wohl kaum vorstellbar.

Mit der Abschaffung des Kalifats verzichtete die junge türkische Republik freiwillig auf einen wichtigen Verbündeten in der Modernisierung des Landes. Doch der Staatsgründer Mustafa Kemal, der sich später "Atatürk", also Vater der Türken, nannte, wollte allein herrschen. Er duldete keine Konkurrenten und auch keine Brüder im Geiste. So fehlte der Republik in der Durchsetzung der Reformen, die in das kulturelle Selbstverständnis der muslimischen Türken eingriffen, eine geistige Autorität. Ein autoritäres Regime musste etabliert werden, um die Türkei der westlichen Zivilisation anzunähern. Die überaus starke Rolle des Militärs als Hüter der kemalistischen Reformen ist eine zwingende Folge dieser Ausgangsposition.

Das autoritäre Regime bescherte der Türkei eine janusköpfige Identität. Während Staat und Öffentlichkeit mit ihren Einrichtungen und Repräsentanten sich der europäischen Moderne verpflichteten, blieb die breite Masse der Bevölkerung, vor allem auf dem Land, ihren herkömmlichen Traditionen treu. Die Türkei hatte nun ein vorwärts und ein rückwärts gerichtetes Gesicht.

Erst Ende der achtziger Jahre begann sich in den türkischen Großstädten so etwas wie eine Zivilgesellschaft herauszubilden. Doch Teile dieser Zivilgesellschaft waren muslimisch geprägt. Dieser Islam war alles andere als urban. Er war vielmehr eine Zumutung für alle, die einen modernen, städtischen Lebensstil führen wollten. Die türkische Gesellschaft befand sich in einer tiefen Krise. Zeichen dieser Krise wurden vor allem in einer stärkeren Islamisierung des Alltags gesehen. Sie machte sich aber auch bemerkbar in der Korruption und im moralischen Verfall sowie in einer Politik, die vor Gewalt gegen eigene Bürger nicht zurückschreckte.

Im Jahr 2002 wurde nun eine Partei an die Regierung gewählt, die versprach, das Land aus dieser Krise herauszuführen. Wird es der Regierungspartei AKP gelingen, die tiefe Kluft zwischen den säkularen und traditionellen Lesarten des Islam in der türkischen Gesellschaft zu schließen? Entsteht so etwas wie ein moderater, urbaner Islam, der die überholten Traditionen und sittlichen Werte über Bord werfen kann und so in der Lage ist, sich den Herausforderungen der Moderne zu stellen? Diese Fragen sind nicht nur für die Zukunft der Türkei wichtig. Sie entscheiden überall in der islamischen Welt darüber, ob langfristig demokratische Systeme aufgebaut werden können.

Ein Abdülmecid Efendi ist freilich nicht in Sicht. Ministerpräsident Recep Tayyip Erdoğan hat auch keine Ambitionen, sich zum Kalifen ernennen zu lassen. Er ist kein Maler, nicht einmal ein musischer Mensch. Die Autoritätslücke in geistigen Angelegenheiten hemmt zweifelsohne den Entwicklungsprozess.

Der Islam wird nach wie vor von Imamen repräsentiert. Die Imame in der Türkei aber sind keine Gelehrten. Sie sind Vorbeter und Beamte des Staates. Ihnen fehlt zumeist die Kompetenz, aber auch der Wille, sich den Herausforderungen der Zeit zu stellen. Die muslimische Gesellschaft jedoch braucht Inspirationen, geistige Provokateure, die auf minenreichen Konfliktfeldern wie dem Geschlechterverhältnis oder dem Verhältnis zu Nichtmuslimen mutig operieren. Die meisten Vertreter der muslimischen Religion neigen zur Beschwichtigung und zum Übersehen von angestauten Konflikten. Eine solche Geisteshaltung aber vertieft nur die Probleme und trägt nichts zum Austausch mit der nichtmuslimischen Welt bei.

Welche moralischen Anregungen gehen heute vom Islam aus? Für den außenstehenden Betrachter ergibt sich ein jämmerliches Bild. Die männlichen Muslime, so scheint es, verbrauchen ihre gesamte geistige Energie, um ihre Frauen zu hüten. Die Frauen müssen geschützt werden vor dem verderblichen Einfluss der modernen Lebensweise. Sie dürfen nicht hinaus aus ihrer dem Mann untergeordneten Rolle. So entsteht ein unterdrückerischer, regressiver Islam, der die traditionelle Deutung von heiligen Quellen zu Dogmen erhebt. Und was tun die Frauen? Sie streiten für ihr Recht, weiter unterdrückt zu sein, beispielsweise weiter das Kopftuch tragen zu dürfen. Dieses Bild ist das Ergebnis einer Jahrhunderte alten Krise, in der das kreative und zeitgemäße Lesen der Quellen versäumt oder als Häresie verfolgt worden ist.

Diese Krise kann nur überwunden werden durch einen radikalen Bruch mit der Tradition und ihren erstarrten Methoden und Sichtweisen. Fragen sind zu stellen an das Menschenbild, das von dieser Tradition überliefert wird, an das Verhältnis der Geschlechter, an das Verhältnis zu Andersgläubigen. Gemäß der islamischen Gesetzgebung, der Scharia, haben Atheisten in der islamischen Welt kein Lebensrecht. Muslimen, die ihre Religion aufgeben, droht die Todesstrafe. Mit solchen Sanktionen stellt sich jeder Glaube, jede Ideologie ins Abseits der menschlichen Zivilisation.

Eine Reform in den theologischen Fakultäten ist unumgänglich. Die Methoden moderner Wissenschaften wie Linguistik, Psychoanalyse und Soziologie müssen in dieses Studium Eingang finden. Eine historisch-kritische Betrachtung von sakralen Quellen wie dem Koran müsste die Grundlage von Forschung und Lehre sein.

Der Islam braucht keine Vorbeter. Die Funktion des Vorbeters kann theoretisch jeder volljährige Muslim ausüben. Der Islam kennt keine Kirche, folglich gibt es auch keine Priesterkaste. Die Institution der Imame ist weder im Koran noch in den Sprüchen des Propheten Mohammed verankert. Sie ist erst in der Tradition entstanden. Heute stellt sie einen Hemmschuh für die Entwicklung der muslimischen Kultur dar. Es ist eine Absurdität, dass in einem laizistischen Staat wie der Türkei solche Vorbeter zu Tausenden ausgebildet und vom Staatssäckel ausgehalten werden. So meint man wohl, Kontrolle ausüben zu können über das, was in den Moscheen gepredigt wird. Doch in der Realität führt es nur dazu, einen verknöcherten Islam in die Bevölkerung zu tragen und fest zu verankern.

Wenn der Islam an deutschen Schulen und Hochschulen gelehrt werden soll, brauchen wir einen neuen Ansatz. Wir brauchen Institutionen wie das von dem Religionsphilosophen Franz Rosenzweig im Jahr 1920 in Frankfurt am Main gegründete "Freie Jüdische Lehrhaus", wo auch Ernst Simon und Martin Buber dozierten. Angeboten werden müssten Lehrgänge über Koran-Themen, über die Geschichte des Islam sowie ästhetische, soziale, wirtschaftliche und politische Themen der Zeit mit der Berücksichtigung des säkularen Umfeldes und der philosophischen Fragen unserer Zeit. Der Prozeß der Säkularisierung kann nicht nur institutionell bewältigt werden. Er stellt vor allem auch eine geistige Herausforderung dar. Er beeinflusst die Sprache und somit auch das Denken. Für die deutschen Juden übrigens war die geistige Anstrengung, die mit der jüdischen Aufklärung einherging, eine durchaus kontrovers diskutierte Frage der Emanzipation und somit auch der Integration. Erst durch diese philosophisch angereicherte Auseinandersetzung mit der jüdischen Tradition konnte ein deutsches Judentum entstehen.

Auch in der islamischen Geschichte gibt es Vorbilder für einen neuen, emanzipatorischen Ansatz. So liegt beispielsweise die gesamte mystische Interpretation des Islam brach, wie ihn der einflussreiche Denker Maulana Dschalaladdin Rumi im 13. Jahrhundert ausgearbeitet hat. Die deutsche Orientalistin Annemarie Schimmel hat diesem außergewöhnlichen Denker auch in deutscher Sprache ein Denkmal gesetzt. Übrigens hat diese mystische Tradition auch Musik und Poesie von eindringlicher Schönheit hervorgebracht. Auch die rationalistischen und metaphysischen Denkschulen Andalusiens, die von Denkern wie Ibn Rushd oder Ibn Arabi vertreten wurden, sind heute in Vergessenheit geraten. Dabei waren diese Denker auch bedeutende Inspirationsquellen für die europäische Renaissance. Im toleranten, geistig anregenden Klima des muslimisch beherrschten Spanien konnte sich auch das jüdische Denken relativ frei entfalten und Dichter wie Ibn Gabirol, oder Jehuda Halevi, dessen Werk von Franz Rosenzweig kongenial ins Deutsche übersetzt worden ist, und nicht zuletzt den großen Philosophen Maimonides hervorbringen.

Heute wird der Schlüssel für eine islamische Renaissance gesucht. Das muss keinesfalls eine vergebliche Suche sein, wenn man bereit ist, die gesamte muslimische Geistesgeschichte, die verschiedenen Kulturen, die sie beeinflusst haben, darunter die griechische Antike, die Kulturen Persiens und Indiens und nicht nur Fragmente daraus aktiv zu nutzen. Eine kritische, wissenschaftlich fundierte Betrachtung der Geistesgeschichte ist Ausgangspunkt jeder kreativen Erneuerung.

Der Islam braucht geistige Leitfiguren, die auch etwas anderes schaffen als die Regeln der Scharia nachzubeten. Er braucht musische, den Künsten und der Philosophie zugeneigte Interpreten. Vielleicht braucht er ein geistiges Oberhaupt, das Aktbilder malen kann. So wie es ihn ja schon einmal gegeben hat, vor achtzig Jahren.

Karikaturen des Glaubens
Europa wird der islamischen Welt immer ähnlicher

Es ist kaum anzunehmen, dass einer von den wütenden Protestierenden auf den Straßen der islamischen Welt den Film *"Das Fest"* von Lars von Trier gesehen hat. Schade, denn wie kaum ein anderes Kunstwerk der letzten Jahre gibt dieser Film einen tiefen und aufwühlenden Einblick in die Seelenwelt der "guten" dänischen Gesellschaft, in ihre Konflikte, Ängste und verdrängten Schuldkomplexe. Was wie eine Familiengeschichte aussieht, in der es um Kindesmissbrauch und die Anomalien des Wohlstands geht, kann auch als Porträt einer verunsicherten, nach außen heilen, nach innen maroden Gesellschaft gesehen werden, die nicht einmal zu einem kritischen Dialog mit sich selbst, geschweige denn mit Fremden in der Lage ist. Doch gut und erhaltenswert an dieser Gesellschaft ist eben auch, dass sie dennoch einen Film wie *"Das Fest"* hervorbringt.

Die Freiheit der Kunst zählt nun einmal zu den größten Errungenschaften der europäischen Kultur, erkämpft gegen Jahrhunderte alte Traditionen der Intoleranz, gegen Kirchendogmen und Interessen politischer Machthaber. Es ist richtig: Die islamische Welt von heute kennt nichts von alledem. So entstehen eben nicht Filme wie *"Das Fest"*, sondern Bilder einer wütenden Menschenmenge, die mit Mord und Totschlag droht, wenn es etwas zu kritisieren gibt. Die korrupten und unterdrückerischen Regimes in der islamischen Welt nutzen die emotional aufgeladene Atmosphäre, um sich als "Verteidiger des Glaubens und der Menschenwürde" Legitimität zu verschaffen. Der Begriff "Menschenwürde" klingt aber in den Mündern der meisten Machthaber in der islamischen Welt einfach nur obszön.

Dennoch, die allermeisten Muslime fühlen sich durch die 2006 zuerst in der dänischen Tageszeitung "Iyllands-Posten" und später weltweit abgedruckten Karikaturen ihres Propheten verletzt, ja angegriffen. Was genau ist an diesen Mohammed-Karikaturen zu kritisieren? Die bildliche Darstellung des Propheten Mohammed ist ein Tabu der islamischen Religion. Auch von Gott darf man sich kein Bild machen. Dieses Tabu, das heute wie jedes Tabu vollkommen ohne Reflexion zur Anwendung kommt, hat jedoch auch eine historische und philosophische Dimension.

Erst der abstrakte Gottesbegriff des Islam hat die Offenbarungsreligionen zu einem Diskurs mit der griechischen Philosophie befähigt und angeregt. Dieser Diskurs bildete auch die Grundlage der europäischen Renaissance. Es ist kein Zufall, dass der abstrakte, bilder- und darstellungsferne Begriff göttlicher Macht viele Denker der Aufklärung beeindruckt und auch in ihrem Denken beeinflusst hat.

Dass man im Laufe der Zeit aus diesem Darstellungsverbot der göttlichen Macht ein rigides Bilderverbot innerhalb der Tradition gemacht hat, bedarf dagegen in der islamischen Kultur einer offenen und kritischen Diskussion. Mohammed ist nicht Gott, sondern sein Prophet. Seine bildliche Darstellung selbst in Kinderbüchern bereitet strenggläubigen Muslimen Probleme, wird als Häresie empfunden. Dabei führt eine solche, ausschließlich auf Tabus aufgebaute Geisteshaltung zu nichts anderem als zu einer karikaturhaften Wahrnehmung des eigenen Glaubens. Die kulturelle Verarmung geht einher mit einer umfassenden Amnesie. Die zornigen Menschen und ihre Anführer in den Moscheen wollen nichts mehr wissen von der Vielfalt ihrer eigenen Tradition, von Poeten aus der Hochphase der muslimischen Kultur, die in ihren Gedichten Gott anklagen, nicht selten auch satirisch, von Denkern, die sich mit dem schwierigen Verhältnis zwischen Offenbarung und Rationalität beschäftigt haben, mit dem Zweifel, der wie selbstverständlich zum Glauben gehört. Sie erinnern sich nicht einmal an den Anfang des vergangenen Jahrhunderts, als der zaghafte Versuch unternommen wurde, die islamische Religion zu reformieren, das heißt ihre Glaubensinhalte und Vorstellungen in die Gegenwart zu übersetzen.

Und auch in Europa gibt es kaum noch Erinnerung an einen ästhetisch und intellektuell anspruchsvollen Islam. Das Islambild ist inzwischen ein Vehikel in den Händen populistischer Politiker und ihrer Handlanger in manchen Medien. In den durch die Massenmedien transportierten Bildern verliert die islamische Kultur ihre sozialen und geistigen Dimensionen, wird zur Visage von Terrorfürsten wie Osama Bin Laden reduziert. Nicht nur die Karikaturisten des Propheten berufen sich ausschließlich auf diese Bilder, lassen sich von ihnen inspirieren. Auch viele Autoren der westlichen Presse haben inzwischen ein verkrüppeltes Islambild. Aus Versatzstücken des Koran heraus wird nicht nur der islamische Fundamentalismus sondern auch die scheinbare Kritik an ihm formuliert. Auf dieser Grundlage werden Gruppenidentitäten festgeschrieben, Verdachtsmomente gegenüber dem "Islam" zu rasch abrufbaren Gewissheiten.

Doch lässt sich auf diese Weise die Aufklärung verteidigen? Beruht die Position der Aufklärung nicht gerade auf einer kritischen Reflexion von Bildern, die zu solchen unreflektierten Konstruktionen führen? Gerade die kritische Reflexion von Selbst- und Fremdwahrnehmung droht in der Auseinandersetzung mit dem islamischen Extremismus verloren zu gehen. Dabei steht auch die europäische Zivilisation auf dem Prüfstand. Die neue Rechte in Europa bedient sich statt des unbequem gewordenen Antisemitismus' der Islamophobie. Die verzerrten, schablonenhaften Bilder des Fremden funktionieren hüben wie drüben. Auf der anderen Seite ist eine gekränkte islamische Psyche entstanden, die auf jede Provokation wie ein Pawlow'scher Hund reagiert. Die islamische Welt bedient die Bilder, die von ihr kursieren, eifrig selbst. Brennende Fahnen, im Sturm eingenommene Botschaftsgebäude, Morddrohungen, all das kommt im Westen nur als Bestätigung eines gewaltbereiten, unzivilisierten, dialogunfähigen Typus des Muslim an. Wenn die Straße kocht, gibt es keine Individuen mehr und auch keine streitbaren Meinungen, sondern nur noch die Masse, die mit einer Stimme spricht.

Der Herausgeber der dänischen Zeitung wusste das. Denn nicht um eine Auseinandersetzung mit dem Islam und seinen theologischen Grundsätzen geht es bei den veröffentlichten Mohammed-Karikaturen. Vielmehr geht es um das Bild des Muslim als Terroristen, als nicht integrierbaren Migranten, als eine potentielle Bedrohung der offenen westlichen Gesellschaft. In diesem Sinne hatte diese Publikation auch ihr Gutes. Denn so konnten wir auch erfahren, was in der dänischen Gesellschaft vor sich geht. Die von einer rechtspopulistischen Partei gestützte Regierung ist nämlich dabei, das liberale Dänemark in eine fremdenfeindliche Gesellschaft zu verwandeln, in der unter dem Feigenblatt der Meinungsfreiheit die Erziehung zur Intoleranz und Respektlosigkeit hoffähig geworden sind.

Doch Hand aufs Herz: Ist es anderswo in Europa denn viel besser? Betrachten wir doch einmal, wie die Debatte um Integration in Deutschland verläuft. Sie begann und endete mit der Feststellung, die Integration sei gescheitert. Dahinter steckt nicht unbedingt eine soziologische Analyse der Gesellschaft, und schon gar kein Verständnis von Kultur als einem dynamischen, oft auch widersprüchlichen Phänomen, sondern eine kulturalistische und nicht selten starre Identitäten konstruierende Geisteshaltung: "Unterschiedliche Kulturen können eben nicht zusammenleben". Hatten also all diejenigen Recht, die ein Jahrzehnt zuvor auf dem Balkan zur Segregation und ethnischen "Säuberung" aufriefen? Das grausame Ergebnis ihrer Bestrebungen ist bekannt.

Im Interview mit einer schwedischen Zeitung behauptet Carsten Juste, Chefredakteur der dänischen "Iyllands-Posten", die Integration der Kulturen sei vermutlich ein unmögliches Projekt, und die Kluft zwischen den Menschen im Westen und der muslimischen Welt größer als der Grand Canyon. Doch Städte wie Berlin, London oder Paris liegen nun einmal in diesem Grand Canyon, ob wir es wahrhaben wollen oder nicht. Ein Europa, das dies nicht begreift und sich homogenisierenden Kulturphantasien hingibt, wird am Ende der muslimischen Welt immer ähnlicher. "Kauft euer Gemüse nicht bei Muslimen" lautet dann die Losung. Hatten wir das alles mitten in Europa nicht schon einmal?

Spielräume für Mehrdeutigkeit I
Paradigmen für ein Gespräch mit den Muslimen

Anfang des 20. Jahrhunderts herrschte in der islamischen Welt Aufbruchstimmung. Die ökonomische und militärische Unterlegenheit gegenüber den westlichen Kolonialmächten hatte zuvor zu einer Fremdbestimmung geführt. Nun aber regte sich nach Jahrhunderten der Lethargie in den Kolonien geistiger Widerstand. Muslimische Gelehrte machten sich Gedanken über die Ursachen der Rückständigkeit ihrer Völker. Dabei wurde die europäische Zivilisation mehr als eine funktionierende Maschine wahrgenommen denn als eine Geisteswelt. Unzählige Schriften diskutierten die Vereinbarkeit des Islam mit technischem und ökonomischem Fortschritt. Parallel dazu gab es kaum Reflexionen darüber, ob Islam und Demokratie als Staatsform und Lebensweise zu vereinbaren sind.

Für das muslimische Selbstverständnis, das schon immer von der eigenen Überlegenheit gegenüber anderen Kulturen und Religionen ausgegangen war, stellte die neue Situation eine schwer zu verdauende Provokation dar. Die Überlegenheit der islamischen Welt hatte sich in den Jahrhunderten vor der Renaissance nicht nur politisch und militärisch manifestiert, sondern auch in der Philosophie und in den Naturwissenschaften. Für muslimische Interpreten des Koran war der Islam, die letzte von Gott offenbarte Religion, die vollkommenste Botschaft, die den Menschen je erreicht hatte, unverfälscht und gültig bis an das Ende der Zeiten.

Der Gedanke der Vollkommenheit und der ewigen Gültigkeit des eigenen Glaubens, der nicht nur metaphysischer Sinnspender, sondern zugleich auch Lebensweise und Weltsicht ist, beeinflusst die islamische Psyche bis heute und führt zur Überheblichkeit gegenüber anderen Kulturen und zu Trägheit gegenüber den Herausforderungen der modernen Welt. Jegliche

Neuschöpfung erscheint überflüssig, das Neue immer eine Spur schlechter als das Alte. Dieser Logik folgend, hatten die Taliban sogar Radio und Fernsehen verboten.

Im Falle der Fremdherrschaft und der Erfahrung von Niederlagen aber schafft diese Geisteshaltung schizophrene Persönlichkeiten, da die Realität nun eine ganz andere ist, als die Traumwelt im Kopf. Weil der Feind auf dem Schlachtfeld nicht zu besiegen ist, wird seine Vernichtung simuliert. Die Simulation im Kopf führt jedoch zu keinem Abbau der Aggressivität. Stattdessen wird die simulierte Aggression zu einer Art Sucht. Wie jede Sucht ist auch diese selbst zerstörerisch. Sie richtet sich schließlich gegen symbolische Opfer, die auch in der Realität zu treffen sind. Die Türme in New York als Symbole des Kapitals eigneten sich wohl besonders als solche Ziele.

In weiten Teilen der islamischen Welt findet keine nennenswerte Diskussion über die Problematik der islamischen Psyche statt. Stattdessen werden Ereignisse immer vordergründig wahrgenommen, und politisch-apologetisch ausgelegt. Die Kultur bringt keine produktive Selbstkritik mehr hervor. Man flüchtet sich besonders gerne in Verschwörungstheorien oder Anklagen, die gegen Feinde gerichtet sind, die überall lauern können.

Als die Kolonien unabhängig wurden, entstanden autoritäre Regimes, für die Menschenrechte und Demokratie kein Thema waren. Das Projekt der islamischen Modernisierung konzentrierte sich auf den technischen Fortschritt. Man wollte schnell aufholen, um vor allem auf dem Schlachtfeld ebenbürtig zu sein. Der Irak unter der Herrschaft von Saddam Hussein war dafür ein Paradebeispiel. Das technische und militärische Wunderland trug zugleich das Gesicht eines autoritärsten Systems. Frei bewegen konnten sich in diesem System nur Waffen und Munition, nicht aber die Gedanken.

Wie kann sich die islamische Welt aus dieser Klammer von Gewalt und Unterdrückung befreien? Schreckensregimes wie die der Taliban mit Gewalt zu stürzen kann nur ein Anfang sein. Was aber kommt dann? Wenn keine wirkliche Ursachenanalyse betrieben wird, die schonungslos auch die kulturimmanenten Probleme des Islam zur Sprache bringt, wird jede Mühe umsonst sein, und die Zahl der Desperados wird eher noch zunehmen. Überhaupt kommt die Sprache der Gewalt eher der Semantik der radikalen Kräfte entgegen. Sie fühlen sich so bestätigt in ihrem Weltbild, das nur den Kampf zwischen Gut und Böse, Wahrheit und Lüge, Unrecht und Gerechtigkeit kennt.

Die innere Logik des Islamismus muss entschlüsselt werden. Sie beschreibt eher den Kulturkampf innerhalb der islamischen Kultur als einen Kampf zwischen den Kulturen. Ähnlich wie der europäische Faschismus Anfang des vergangenen Jahrhunderts ist der radikale Islam heute eine lebensbedrohliche Fieberattacke in der Modernisierungskrise.

Folgt man dieser Sichtweise, entstehen keine falschen Fronten zwischen den Zivilisationen. Vielmehr geht es heute um ein entschlossenes Eintreten für zivile und demokratische Umgangsformen und gegen totalitäre Herrschaftsprinzipien. Demokratische Werte haben keine religiöse Konnotation. Sie sind die Frucht eines Jahrhunderte währenden Strebens nach Freiheit. Ihr Geltungsbereich sollte nicht auf den Westen beschränkt bleiben. Denn Herrschaftssysteme ohne demokratische Legitimation und Rechtsstaatlichkeit unterdrücken nicht nur das eigene Volk. Sie stellen auch ein Bedrohungspotential für die übrige Welt dar.

Spielräume für Mehrdeutigkeit II

Innerhalb der muslimischen Intelligenzia hat sich nichts entwickelt, was man mit der abendländischen humanistisch motivierten Kritik von Gewalt- und Machtstrukturen vergleichen könnte. Gewalt ist in den muslimischen Ländern allgegenwärtig. Sie reicht von Züchtigungsstrafen in den Erziehungsanstalten bis hin zur Folter. Die öffentliche Meinung nimmt diese Vorgänge meist kritiklos hin. Ein Rechtsstaat existiert nirgendwo. Die religiöse Sprache ist martialisch, voller Gewaltsymbolik, eine Kritik dieser Sprache ist kaum erkennbar.

Ein Kardinalfehler, den die Abendländer im Gespräch mit Muslimen machen ist, dass sie, mit den Errungenschaften der Aufklärung gerüstet, in einen scheinbaren Religionsdialog treten. Wenn Christen und Muslime miteinander sprechen, kommt es selten zu einem Dialog der Religionen. Vielmehr streiten aufgeklärte Skeptiker mit einer weitgehend authentisch gebliebenen Religion und ihrem absoluten Wahrheitsanspruch.

Es ist richtig, dass sich weite Teile der islamischen Welt gegen eine Entmachtung der Religion als Richtschnur für das Leben der Gläubigen wehren. Oft wird in diesem Zusammenhang die Trennung von Staat und Religion zitiert, die in den islamischen Gesellschaften nicht erfolgt sei. Doch was die große Mehrheit der Muslime heute fordert, ist nicht die Herrschaft über den Staat. Man wehrt sich gegen die Trennung von Lebenspraxis und Glauben, wie sie sich in der modernen Welt durchgesetzt hat. Die Probleme entstehen aber auch nicht durch diesen Widerstand allein. In der islamischen Welt hat sich eine kämpferische und aggressive Geisteshaltung etabliert, die nichts, aber auch gar nichts neben der islamischen Auffassung der Lebensführung gelten lässt. Alle Abweichungen von islamischen Auffassungen werden als Degeneration betrachtet und auch mit Gewalt bekämpft.

Um gesprächsfähig zu werden, müssten sich die Muslime von dem polarisierenden Weltbild verabschieden, das ihr Denken weitgehend bestimmt. Demnach wird die Welt in eine eigene, befriedete, und in eine andere feindliche, ungläubige, unruhige Hälfte aufgeteilt. Der Islam will Frieden stiften, in dem er in der unruhigen Hälfte der Welt aufräumt. Dieses Denken ist der Ursprung missionarischen Eifers und eines mit der Realität nicht mehr zu vereinbarenden Überlegenheitsgefühls.

Die Bedingungen der europäischen Renaissance und der Aufklärung müssten genauer studiert werden, um die fehlgelaufene Entwicklung in der islamischen Welt zu analysieren. Die gewaltgeladene Atmosphäre unserer Zeit ist das Ergebnis einer gescheiterten Berührungsgeschichte zwischen Europa und der islamischen Welt.

Den Islam gibt es seit vierzehn Jahrhunderten. In den ersten zehn Jahrhunderten dieser Zeitspanne waren Staaten und Kulturen der islamischen Welt dominant. Auf allen Gebieten des menschlichen Daseins, in der Kultur, den Wissenschaften, des Militär- und Staatsapparats war die islamische Welt dem christlichen Europa überlegen. Die Muslime kamen mit dem Schwert, aber sie legten kein Feuer in den eroberten Gebieten. Vielmehr errichteten sie Gemeinwesen, die für die damalige Zeit lebenswerter, freier und gerechter waren als vergleichbare Strukturen in der übrigen Welt. Das war das Geheimnis ihres Erfolgs über Jahrhunderte. Die muslimische Philosophie inspirierte die Renaissance in Europa. Die Philosophen der griechischen Antike wurden von den Arabern übersetzt und an die Europäer weitergegeben.

Obwohl diese historischen Tatsachen in Büchern zu finden sind, haben sie kein Gewicht mehr im europäischen Gedächtnis von heute. Es herrscht ein tiefes Unwissen über die Phänomene des Islam in der westlichen Welt. Bis Anfang des 19. Jahrhunderts war das anders. Schriftsteller wie Alphonse de Lamartine und Johann Wolfgang von Goethe erarbeiteten sich einen kreativen Zugang zur islamischen Kultur, ohne jegliche Arroganz und in vollem Bewusstsein der Rolle islamischer Kulturen vor der Renaissance. Doch mit dem Einsetzen der Kolonisierung der islamischen Welt ging dieser Berührungsansatz verloren. Die Leistungen der islamischen Welt wurden aus dem westlichen Kulturkanon gelöscht. Dies konnte umso leichter geschehen, als die Muslime selbst zu Analphabeten ihres eigenen kulturellen Erbes geworden waren. Nun konnte fast die gesamte islamische Welt degradiert und kolonisiert werden.

Der Gesprächsfaden kann nur dort wieder aufgenommen werden, wo er in der Geschichte durch sogenannte "heilige Kriege" abgerissen ist. Ein solches Gespräch fordert beide Seiten als ebenbürtige, für Kritik offene Gesprächspartner heraus.

Wenn Muslime in Deutschland behaupten, dass sie loyal zur Verfassung dieses Landes stehen, heißt das auch, dass sie sich misstrauischen Fragen stellen müssen. Denn es gibt im Koran Verse, die eindeutig nicht verfassungskonform sind. Ohne eine grundlegende Reform des islamischen Glaubenssystems können weder die Gleichberechtigung der Frau noch die Prinzipien der bürgerlichen Gesellschaft islamisch legitimiert werden. Der mit Gewalt verknüpfte Kampfauftrag gegen Ungläubige und der Überlegenheitsanspruch gegenüber anderen Religionen und Kulturen müssten kritisch hinterfragt werden. Andernfalls bleibt das Bekenntnis zum Grundgesetz und zur offenen pluralistischen Gesellschaft lediglich ein Lippenbekenntnis.

In einem konstruktiven Streitgespräch lässt sich der Andere nur aus einer selbstkritischen Haltung heraus kritisieren. Erst so entsteht ein Gespräch mit Spielräumen für Mehrdeutigkeit.

Islam übersetzen

Die gegenwärtige Wahrnehmung des Islam basiert auf wenigen, dafür aber aussagekräftigen Symbolen. Vor allem das Tuch für die Frau erfüllt die Funktion eines Körper und Identität bestimmenden, Grenzen markierenden Symbols. Selbstbestimmte Abschottung und fremdbestimmte Ausgrenzung der Frau überlagern sich. Das Tuch überschattet die Debatten über die Rollen der Geschlechter und ihr Verhältnis zueinander.

Der Islam war schon immer eine Religion der Vorschriften, mit dem Anspruch, Leben und Alltag des Gläubigen bis ins Detail zu regeln. Dennoch hatte diese Weltreligion auch eine geistige, ja poetische Dimension, die heute vollkommen in den Hintergrund geraten ist, weshalb nur das Skelett aus Ge- und Verboten intakt geblieben zu sein scheint. Einstige muslimisch inspirierte Denkfabriken wie Toledo und Cordoba im maurischen Spanien oder Konya im seldschukischen Anatolien, wo die monotheistischen Religionen miteinander in Berührung kamen, ohne einander den Garaus zu machen, wo freisinniger Austausch über das menschliche Dasein, über Schöpfung, über das Verhältnis des Menschen zu Gott möglich war und schöngeistige Literatur und Philosophie hervorbrachte, sie haben längst keine Ausstrahlungskraft mehr im mediengerechten Bilderkrieg unserer Zeit.

Muslimische Philosophen sind im Kanon der abendländischen Philosophie eine exotische Rarität. Eine Philosophiegeschichte des Morgenlandes, die in der Lage wäre, Denktraditionen vergangener Epochen zu vermitteln, sucht man, von wenigen Ausnahmen abgesehen, vergebens. Tasavvuf, die islamische Mystik, deren Stern einst hoch über dem morgenländischen Himmel leuchtete und vor allem Poesie von weltumspannender Bedeutung, wie die von Dschalaladdin Rumi hervorbrachte, dient heute eher als einträgliche Einnahmequelle für Geschäftemacher, die im spirituell unterversorgten Westen auf Seelenfang gehen. Nicht mit geringem Erfolg. In den islamischen Ländern ist die mystische Tradition längst keine Inspirationsquelle mehr, sondern ein formelhaftes Ritual. Die Ritualisierung ist eine Folge der geistigen Austrocknung, oftmals beschrieben als "die Krise des Islam".

Doch wie kann die heutige Situation der Erstarrung überwunden werden? Manche Soziologen gehen davon aus, dass schon die Übernahme moderner Lebensformen und die überall gleich mahlenden Mühlen des Alltags zur unvermeidlichen Integration der Muslime in die moderne Zeit führen. Doch die Frage, ob eine muslimische Frau mit Kopftuch in die Arbeitswelt integriert ist, sagt noch nichts über ihr geistiges Verhältnis zu ihrem Glauben aus. Ebenso wenig die Tatsache, dass die Zahl der Akademiker muslimischen Glaubens in den letzten Jahrzehnten sprunghaft angestiegen ist.

Die meisten Muslime wenden sich technischen Berufen zu. Sie schotten sich gegenüber der kulturellen und geistigen Moderne ab. Ein muslimischer Marsch durch die Institutionen hätte nur emanzipatorischen Charakter, wenn er das geistige Ghetto durchbricht, ein kritisches Verhältnis zur eigenen Tradition herbeiführt und das Verhältnis gegenüber Andersgläubigen und Nichtgläubigen zur Diskussion stellt. Ansonsten fände eher eine stille Unterwanderung der Moderne statt, die den Weg zu zukünftigen Konflikten mit der offenen Gesellschaft bahnt.

Wie kann eine neue Dynamik im islamischen Denken entstehen, damit es mit den Denkstrukturen ihrer Zeit und Welt in Aktion treten kann? Das ist die Kernfrage jeden Dialogs zwischen Muslimen und Nichtmuslimen. Denn ein Denken, das nicht mehr kommunizieren kann, ist auch nicht dialogfähig. Kommunikation aber setzt Sprache voraus, die auch von anderen verstanden wird. Sie baut auf einer übersetzerischen Tätigkeit auf. Tradition, die nicht übersetzt wird, erstarrt zum Ritual. Das Ritual lässt sich weder kommunizieren noch hinterfragen.

Den Muslimen von heute geht eine solche übersetzerische Leistung ab. Ihr Glaube ist in der Moderne sprachlos geblieben. Er hat einen apologetischen Charakter angenommen, der reaktiv, aber nicht innovativ ist. Hätte es nicht Denker wie Martin Buber, Franz Rosenzweig oder Emmanuel Lévinas gegeben, die eine enorme übersetzerische Leistung zwischen der chassidischen Literatur, dem Talmud und der abendländischen Philosophie unternommen haben, stünde die jüdische Religion heute vor ähnlichen Problemen wie der Islam. Sicherlich gibt es auch im gegenwärtigen Judentum streng dogmatische, orthodoxe und fundamentalistisch orientierte Strömungen. Dennoch ist es den oben genannten Denkern gelungen, Fenster zu öffnen zur Außenwelt. Sie bilden eine Kommunikationsachse des Judentums, die es Christen, Muslimen, Agnostikern und Atheisten, letztendlich allen Zeitgenossen, unabhängig von ihrer religiösen Prägung, ermöglicht, in einen geistigen Austausch mit ihnen zu treten. Allein ein solcher geistiger Austausch kann die Grundlage eines fruchtbaren Dialogs sein.

Wie aber treten die Muslime heute auf? In der Öffentlichkeit der westlichen Welt dominieren die fundamentalistischen Eiferer und die Funktionäre mit Vereinsmentalität. Denker sind rar. Eine Sprache, die zum kontroversen Denken anregt, ist ebenso wenig vorhanden wie ein Stern der Erlösung. Dabei bildete das Gespräch, der Gedankenaustausch einst die Grundsäule der muslimischen Glaubenswelt. Selbst die überlieferten Sprüche des Propheten Mohammed weisen eine dialogische Form auf. Der Islam ist die Religion des Austauschs, der Überzeugung und des Überzeugens, und keineswegs die des Zwangs. Muslimische Kultur war in ihren Anfängen aufnahmefähig, für andere monotheistische Glaubensformen, für die Kultur Persiens und Indiens. Sie hat sich inspirieren und kritisch hinterfragen lassen.

Unter Übersetzung verstehen die meisten Muslime von heute nicht die hermeneutische Deutung einer Wirklichkeit, einer Sprache in einer anderen Wirklichkeit oder Sprache, sondern eine photomechanische Übertragung beispielsweise der koranischen Gesetze auf die heutigen Gesellschaften. Das führt zu seltsamen, karikaturhaften Erscheinungsformen des Islam. Die Glorifizierung ferner Zeiten ist die Medizin aller an ihrer Zeit Leidenden. Doch sie bringt keine Heilung der Verhältnisse, sondern sie entsorgt mit dem

Leiden an der Zeit auch das Gefühl für die Zeit. Ist das Zeitgefühl einmal verloren, lässt sich auch keine Sprache für die Gegenwart finden, die das Unbehagen ausdrücken könnte. Dementsprechend ist trotz der radikalen Ablehnung der westlichen Kultur eine islamisch motivierte kulturkritische Schrift über die abendländische Moderne ebenso ausgeblieben, wie eine melancholische Literatur, die die Tiefen der islamischen Psyche zu ergründen imstande wäre.

Der Koran gilt den Muslimen als Gottes Wort, heilige Schrift, Kernstück ihres Glaubens, Richtschnur im Leben. Er steht ähnlich wie die Jesusfigur für die gläubigen Christen außer Diskussion. Dennoch gab es schon in der frühen Phase der muslimischen Kultur und selbstverständlich zu Zeiten ihrer geistigen Blüte heftige und kontroverse Debatten über einen hermeneutischen Umgang mit dem Text des Koran. Wie sollte auch ein Text ohne seine Deutungsvielfalt diskutiert und studiert werden können? Eine Ästhetik, die um den Koran herum entstand, ermöglichte auch solch eine Bigotterie, die für die muslimischen Gesellschaften von heute prägend geworden ist.

Man bewundert die Kalligraphie, die Intonation des Vortrags. Die Bedeutung des Textes gerät dabei in den Hintergrund. Der Koran steckt in einem sakralen Gefängnis, wie eine Nachtigall in ihrem goldenen Käfig. Muslimische Philosophen aber beschäftigte einst durchaus die Frage nach den Deutungsmöglichkeiten, nach der ewigen Gültigkeit von Vorschriften, nach dem Geist des Wortes. Die Bedingungen des Verstehens, des menschlichen Erfassens göttlicher Botschaft warfen philosophische Fragen auf. Eine Unterscheidung wurde getroffen zwischen der Sprache Gottes, dem ewigen in Ihm ruhenden Wort und der menschlichen Lesart, dem Text des Koran. Der göttliche Sinn konnte erahnt, aber nicht vom Menschen erfasst werden. In der islamischen Mystik bedeutet Erleuchtung, dem göttlichen Sinn nahe kommen, bei Gott sein.

Die heutigen integralistischen Deutungen des Islam wollen nun den Koran buchstabengetreu interpretieren. Sie leugnen den verborgenen göttlichen Sinn, heben die Deutungsvielfalt auf und erklären die menschliche

Lesart zum heiligen, ewig gültigen Text. Begeht man damit nicht einen Kardinalfehler? Denn nichts ist im Islam verwerflicher als die Vergöttlichung des Menschen. Die Wahrheit liegt bei Gott. Der Mensch aber ist ein nach Wahrheit Suchender. Die Wiederentdeckung menschlicher Bescheidenheit, des Zweifels und der Bedeutungsvielfalt des Wortes, der Vergänglichkeit von Deutung und Interpretation sind Grundlagen eines kritischen Denkens, das in der islamischen Kultur wieder etabliert werden müsste. Nur wer an seiner eigenen Deutung zweifelt, kann zur Erkenntnis gelangen. Nur durch die Pluralität von Meinungen und Ansichten entsteht eine kommunikative Atmosphäre, die den Dialog mit einem Anderen ermöglicht. Glauben existiert nur auf der Basis von Übersetzung. Die Übersetzung zwischen Gott und Mensch ist der Urtext für jegliche kommunikative Handlung. Wer nicht kommunizieren kann, droht an seiner Sprachnot zu ersticken.

Die Vermessung des dunklen Kontinents

Sexualität ist immer noch jenes Grenzgebiet, in dem sich der Mensch häufig verläuft. "Der dunkle Kontinent", wie die Dichterin Ingeborg Bachmann einmal die Liebe nannte, erweist sich trotz einer hundertjährigen Emanzipationsgeschichte, trotz Sigmund Freud und der Aufklärung, dunkler als je zuvor. Die Entdeckungen der Psychoanalyse und der auf sie folgenden Sexualwissenschaft waren zugleich immer Verhüllungen, deuteten sie doch darauf hin, dass der Forscher sich auf unsicherem, weil rätselhaftem Terrain bewegt.

Nach wie vor trägt jeder Mythos im Kern ein sexuelles Paradigma, das sich der Entschlüsselung verweigert und somit der Entmythologisierung unserer Welt Grenzen setzt. Die großen Weltreligionen als Sammelbecken der Mythen, aber auch zahllose gnostische und häretische Glaubensvarianten sind und bleiben eine Zone des Geschlechterkampfes.

Ob es sich dabei um die katholische Morallehre handelt, die protestantische Sexualmoral oder die muslimische Libidodiktatur, alle religiösen Lehren räumen der Sexualität und der Ordnung der menschlichen Triebe einen zentralen Platz in ihren Denkgebäuden ein. Und was die Ordnung betrifft, scheitern sie alle. Denn die soziale Funktion der Triebe ist anarchisch, ihre Kontrolle nicht nur Kulturleistung, sondern auch Auslöser von pathologischen Folgereaktionen. Das gesunde Patriarchat als funktionierende Fortpflanzungsanstalt, aber auch die romantische oder auch göttlich sanktionierte Konstruktion der Liebesidee verlaufen sich im Urwald der Triebe. Nicht einmal durch konsequente Enthaltsamkeit gibt es ein Entrinnen.

Auf dem bayerischen Chiemsee gibt es zwei kleine Inseln, die Herreninsel und die Fraueninsel. Auf beiden Inseln befinden sich Klöster, eines für Frauen, eines für Männer. In früheren Zeiten waren nachts nicht selten Boote unterwegs mit Mönchen und Nonnen, die sich liebten. Und auf dem Seegrund landeten die unerwünschten Kinder. So will es der Volksmund wissen. Hätte die katholische Kirche solche Liebesbegegnungen erlaubt, wären zumindest die Kinder am Leben geblieben. Doch eine überschaubare Ordnung im Paarverhalten hätte diese Freiheit ebenso wenig zustande gebracht, wie das sexuelle Selbstbestimmungsrecht, das wir als zeitgemäße Errungenschaft feiern, eine solche hervorbringt.

Wenn es um Eros und Triebe geht, ist Selbstbestimmung ein Fremdwort. Die muslimische Libidodiktatur lebt vom Gehorsam der Frau und von der strengen Einhaltung der Regeln. Es ist keineswegs so, dass die Frau gegenüber dem Mann ein rechtloses Wesen ist. Der muslimische Sexualkodex hat sogar ein Befriedigungsgebot für Frauen aufgestellt. Es zählt zu den ehelichen Pflichten des Mannes, seine Frau sexuell zu befriedigen. Doch dieses durchaus gewagte Orgasmusgebot kann nicht darüber hinwegtäuschen, dass die Rechte des Mannes immer etwas weiter gefaßt sind, als die der Frauen.

Schließlich sollte das Patriarchat, das auf der arabischen Halbinsel des 7. Jahrhunderts keineswegs so gefestigt war wie heute, gestärkt werden. Das ging nur auf Kosten der Frauen. Sie wurden zahlreichen Belastungen und Einschränkungen unterworfen, wie die Zulassung von Polygamie für Männer, das Reiseverbot ohne männliche Begleitung, die körperliche Züchtigung im Falle des Ungehorsams gegenüber dem Mann, grausame Strafen (Auspeitschen, Steinigung) im Fall der Unzucht und des Ehebruchs.

Der Islam sexualisiert nicht nur die Geschlechter, sondern auch den Raum, in dem sie sich bewegen. So entsteht eine strenge Geschlechtertrennung, das Gebot für Frauen sich zu verhüllen, in letzter Konsequenz ihre Verbannung aus dem öffentlichen Leben. Die sexuelle Reizflut in unserer westlichen Gesellschaft ist die denkbar größte Provokation gegenüber diesem System der Reizvermeidung. Im Grunde scheinen Muslime mehr zu verstehen oder zu ahnen von der Sexualität und der Unbeherrschbarkeit der Triebe, als wir. Die auf christlichen Verdrängungsmechanismen basierenden westlichen Gesellschaften haben eine zwanghafte Enttabuisierung der Sexualität eingeleitet, die nichts anderes ist als die Kehrseite ihrer Tabuisierung.

Doch die Libidodiktatur des Islam funktioniert nur, wenn es auf der ganzen Welt nichts anderes gibt. Sie erinnert darin ein wenig an den Kommunismus, der in letzter Konsequenz an der mangelnden Güterversorgung gescheitert ist. In der Konkurrenz mit den Versprechungen der Freiheit scheitern diese autoritären Systeme, und das ist auch gut so. Denn die muslimische Konzeption funktioniert nur, wenn die Frauen die Beschneidung ihrer Rechte akzeptieren. In diesem System der klaren Rollenverteilungen kann es weder Gleichberechtigung noch eine Personifizierung der Frau als vom Mann unabhängiges Individuum geben. Denn die Männer stehen nun einmal eine Stufe über den Frauen, wie es im Koran heißt. Eine gläubige Muslimin hat dies zu akzeptieren.

Die meisten Frauen tragen das Kopftuch nicht, weil sie eine politische Meinung kundtun wollen oder eine göttliche Pflicht erfüllen. Sie tragen es zum Schutz des Mannes, zum Schutz vor den Blicken der Männer, eng anliegende Kleidung ist ja ebenfalls untersagt, ebenso das Zeigen von Beinen. Da scheint es nur konsequent, wenn manche muslimischen Männer denken, dass auch die Augen der Frau Reize verströmen, sobald sie sichtbar sind. Also hat man die Burka, den Gesichtsschleier erfunden und die Frau gänzlich eingepackt, auch wenn in den sakralen Quellen nichts über eine solche Kleidungsvorschrift steht.

Doch dieses offensichtlich frauenfeindliche System ist nicht unbedingt männerfreundlich. Denn die Frauen – wenn sie es bis auf die Straße schaffen – sehen ja vielmehr von dem Mann auf der Straße, als er umgekehrt von ihnen. Die Männer müssen sich mit dem Schatten von Frauenkörpern begnügen, jede Art von Berührung ist selbstverständlich Tabu.

Bei direktem Anreden muss der Blick gesenkt werden. Besser man unterlässt es ganz. Eine unbarmherzige Libidodiktatur ist das. Ähnlich wie beim Zölibat der katholischen Kirche ist das Ergebnis nicht etwa eine keuschere Beziehung der Geschlechter oder gar eine Vermessung des dunklen Kontinents, sondern ein pathologisches Verhältnis zur Sexualität in einer von der Idee der Freiheit verlassenen Welt.

Für das Paarungsverhalten in der modernen Großstadt kann das allerdings auch heißen: Die verschleierten Frauen fallen aus, sie nehmen nicht teil am Wettbewerb. Der männliche Jäger wird entlastet, dadurch, dass die weibliche Beute sich unattraktiv macht. Diese einfältige Konzeption der Geschlechterverhältnisse und des Sexualverhaltens wird heute herausgefordert. Das verdanken wir vor allem der Emanzipationsbewegung der Frauen. Sicher hat sie ansatzweise zu einer Veränderung des männlichen Sexualverhaltens und der Geschlechterrollen geführt.

Doch vieles ist auch einfach nur Theorie geblieben. Beispielsweise entspricht unsere gesamte Werbeindustrie vollkommen dem muslimischen, männlich dominierten Entwurf der Sexualität. Verfechter von Emanzipationstheorien und gut gemeinter Gleichheitsrituale verlaufen sich ebenso im dunklen Kontinent der Triebe wie die Ordnungshüter mit ihren scheinbar einfach modulierten Lösungen. Keiner Seite fällt es dabei leicht, dies zu akzeptieren. Deshalb wird der Diskurs über Sexualität nach wie vor stark ideologisiert geführt, um Männer und Frauen, die eher Kopfgeburten sind als jene leibhaftigen, melancholischen, euphorischen, mal passiv, mal exzessiv genießenden, ihrer Macht und Ohnmacht nicht habhaften, Schmerz und Lust in sich vereinenden, widersprüchlichen Wesen aus dem gewöhnlichen Leben.

Sexualität ist eben mehr als ein soziologisch fassbares Verhaltensmuster, mehr als ein Körper, den man verhüllen kann, mehr als eine fallengelassene Hülle. Sie ist Schmiede der Persönlichkeit, ein Urmuster der Schöpfung, das die gesamte Widersprüchlichkeit des Menschen abbilden kann.

Offene Gesellschaft – auf den Kopf gestellt

Als ich im Gymnasium war, hatten wir eine Biologielehrerin, die gerne Miniröcke trug. Sie hatte die Angewohnheit, sich im Unterricht auf das Lehrerpult zu setzen und dabei die Beine baumeln zu lassen. Da sie dabei die Beine leicht spreizte, eröffnete diese Sitzweise für die in den vorderen Reihen Sitzenden einen unerwarteten Einblick. Plötzlich wurde Biologie zu einem Lieblingsfach. Es wurde eifrig gelernt und der Notendurchschnitt verbesserte sich merklich. Wir waren in den Siebzigern: Noch hatte es keine islamische Revolution im Iran gegeben. Weder Kopftuch noch Schleier waren eine Herausforderung für den Minirock.

Das Kopftuch einer Lehrerin vermag die (männlichen) Schüler vielleicht weniger zu motivieren als ihr Höschen. Dennoch erscheint es mir absolut schleierhaft, wie es in einer freien Gesellschaft zu einer Diskussion darüber kommen kann, was eine Lehrerin – bezeichnenderweise geht es immer um Frauen – anziehen darf und was nicht. Diese Frage hat wenig mit religiöser Freiheit zu tun, viel aber mit der Freiheit der Person. Mir graust es vor Bekleidungsvorschriften. Man stelle sich einmal vor, irgendein Landesparlament entscheidet über die Länge des Rocks, ob Hosen erlaubt sind oder nicht. Wir sind schon fast so weit. Diese Entwicklung ist beunruhigend. Warum ist eine pluralistische Gesellschaft nicht in der Lage, unterschiedliche Lebensentwürfe zu akzeptieren, solange sie sich nicht aufdrängen und zur einzig wahren erklären? Ist die geistige Auseinandersetzung zwischen Glaubens- und Lebensvorstellungen nicht ein für jede Gesellschaft kreatives, ja unverzichtbares Unternehmen? Wovor hat man Angst, dass man ein ganzes juristisches Instrumentarium aufbieten muss, um ein Bekleidungsstück zu verbieten?

So wie die Kippa auf den Kopf eines frommen Juden gehört, gehört das

Kopftuch auf den Kopf der frommen Muslima. Darüber kann es keine Diskussion geben, auch wenn sich viele selbst ernannte Islamexperten darum bemühen, aus dem Islam etwas anderes zu machen, als er ist, nämlich eine Religion, eine Lebensweise, die seinen Angehörigen viele Vorschriften auferlegt. Niemand ist gezwungen, sich zu dieser Religion zu bekennen, wer es aber tut, darf es bitte schön auch, solange er oder sie nicht gegen das Grundgesetz dieses Landes verstößt. Das hat übrigens nichts mit Toleranz zu tun, sondern ist eine Selbstverständlichkeit in jeder Gesellschaft, die von sich behauptet, den Maximen der Glaubensfreiheit verpflichtet zu sein.

Oder geht es bei dieser Diskussion vielleicht gar nicht um ein Bekleidungsstück, sondern um die Psyche einer verunsicherten Gesellschaft, die die Festung der eigenen kulturellen Werte gegen Fremde schützen will? Eine solche Vorstellung ist allerdings sehr beunruhigend. Denn wer möchte in einer Gesellschaft leben, in der Konformismus und Diktatur der eigenen Werte herrschen? Sind nicht gerade der Wettbewerb der Werte und das Miteinander unterschiedlicher Lebensanschauungen das Ferment einer pluralistischen Gesellschaft? Nicht das Kopftuch in der Schule, sondern sein Verbot verletzt die Neutralitätspflicht des Staates. Die angesichts der Kirchensteuerpraxis in Deutschland sowieso eine Farce ist.

Männer gegen Frauen:
Wen bekämpft der islamistische Terror wirklich?

Islamischer Staat, islamische Gesellschaftsordnung, islamische Ökonomie – all diese Begriffskonstruktionen sind Resultat der Modernisierung in der muslimischen Welt. Der Moderne entlehnte Begriffe werden islamisch interpretiert und auf die Verhältnisse in den muslimischen Gesellschaften angewandt. Der Islamismus, oder auch der politisch ambitionierte Islam sind Reaktionen auf die Moderne, auf die Modernisierungsprozesse in den muslimischen Ländern. Die ideologisierte Religion stellt einen totalitären, weil göttlich legitimierten Herrschaftsanspruch. Er kann einen sozialrevolutionären, an der Befreiung von Unterdrückung orientierten Charakter annehmen, oder auch einen konservativen Mantel tragen, in jedem Fall aber ist er hierarchisch strukturiert. Der Freiheit des Einzelnen sind enge Grenzen gesetzt, die Basis der islamisch motivierten Herrschaftsformen ist das Kollektiv, die Gemeinschaft der Muslime, d. h. die Umma.

Bei genauer Betrachtung, vor allem der radikalsten Gruppierungen, die ihre Ideen mit Gewalt durchsetzen wollen, wird deutlich, dass es sich vor allem um einen Kampf der Männer gegen die Frauen handelt. Der radikale politische Islam ist eine Kampfstrategie männlicher Dominanz gegen die Befreiung und Gleichstellung der Frau. Dieser Kampf ist selbstverständlich gegen den Westen gerichtet, da hier die Frauengleichstellung am weitesten vorangeschritten ist und geistige und politische Wurzeln für die neuen Ansprüche der Frauen vermutet werden.

Die Rhetorik der Muslime ist nach wie vor gegen diese Gleichstellung gerichtet. Auch gemäßigte islamische Geistliche formulieren die Rechte und Pflichten von Frauen und Männern nach den Vorgaben des Koran und dem Vorbild der islamischen Traditionen. Diese sind freilich teilweise widersprüchlich, da sie sich je nach Zeit und Ort unterschiedlich entwickelt haben. Dennoch ist im Kern das islamisch definierte Geschlechterverhältnis ein männlich dominiertes. Die Frau ist das Schutzwesen und als solches dem Mann untergeordnet. In diesem Punkt kann es keine Reformierung des Islam geben, ohne dass wesentliche, vom Koran fixierte Vorstellungen revidiert werden. Weil aber der Koran als Gottes Wort gilt, ist eine Revision nicht vorstellbar, ohne den absoluten Anspruch des Islam als göttliche Offenbarung zu relativieren. Ein Dilemma.

Daher machen liberal gesinnte muslimische Denker und geistliche Gebrauch von den Möglichkeiten der Deutung. Diese Möglichkeiten aber bleiben begrenzt, denn die Deutung kann in den wenigsten Fällen ihren traditionellen Interpretationsrahmen verlassen, kann selten einen kultur- und textkritischen Charakter annehmen. Vielmehr herrschen ein apologetischer und sophistischer Diskurs, Wortklauberei und Deutungszauber vor.

Der radikale Islam aber setzt auf die Durchsetzung der absoluten Wahrheit, der göttlich inspirierten Botschaft. Der Mensch ist ein Uhrwerk der Offenbarung, andere Zeitmaschinen als die göttliche werden nicht zugelassen. So sind die Feinde des Islam jene, die eine andere Gesellschaftsordnung als die islamische anstreben. Westlicher Liberalismus, Demokratie und Frauenrechte sind Fremdwörter. Mehr noch, sie sind Gift, das mit dem stärksten Gegengift bekämpft werden muss. Der radikale Islam ist in seiner Vorstellungswelt ähnlich der Hygiene verpflichtet wie der deutsche Faschismus. Die Vorstellung von einer reinen göttlichen Ideologie und von einer reinen Rasse sind ähnlich strukturierte Wahnvorstellungen, die jegliche Zweifel, jegliche Vermischung, jeglichen Widerspruch ausschließen. Die Vorstellungen von der Reinheit sind eine radikale Antwort auf die Zwischentöne in der Wirklichkeit, auf das Hybride und das Befleckte. Nichts scheint den radikalen Muslimen mehr ein Gräuel zu sein als der säkularisierte Muslim. Er ist in ihren Augen genau dasselbe, was der assimilierte Jude für den Nationalsozialisten war, ein Parasit, ein Heuchler, eine erbärmliche Kreatur, der sich nur maskiert hat, um seiner Umgebung zu gefallen, einer, der sein Wesen und die Traditionen seiner Väter verraten hat.

In Afghanistan wurde unter der Talibanherrschaft die Frauenfeindlichkeit auf den Gipfel getrieben. Frauen wurden entrechtet und entmenschlicht, aus dem sozialen Leben praktisch ausgeschlossen. Dass dabei die koranischen Vorgaben auch ihrem Wortlaut nach weit übertroffen wurden, darf nicht überraschen. Denn es ging den Taliban in erster Linie nicht darum, einen koranischen Islam ins Leben zu rufen, vielmehr handelten sie ideologisch, als Kriegspartei auf Seiten Gottes gegen die vermeintlich "frevelhaften" Ansprüche der Frauen. Es sollte nicht nur Recht im islamischen Sinne gesprochen sondern auch ein Exempel statuiert werden. Die afghanische Frau hatte zu büßen, stellvertretend für alle Frauen in der Welt, die ihre Rechte in Anspruch nahmen, Rechte, die sie nach mühsamen Kämpfen in ihren Gesellschaften durchgesetzt hatten.

Die Frauenfeindlichkeit der Taliban ist nur der Ausdruck einer in höchstem Maße verunsicherten Männerwelt. Die männerbündischen Terrornetze sind die Speerspitzen in einem Kampf gegen eine Welt, die die Herrschaft des Mannes in Frage zu stellen begonnen hat. Die USA sind nicht nur deshalb der Hauptfeind der muslimischen Terroristen, weil sie als imperiale Großmacht wahrgenommen werden, sondern auch, weil sie das Land mit den fortschrittlichsten Frauenrechten sind.

Dabei verstärkt die Wahrnehmung der amerikanischen Kultur als global orientierte und aggressiv nach Märkten für ihre Produkte suchende Phantasiemaschine die Positionen der Radikalen in der islamischen Welt. Große Kreise in der Bevölkerung fühlen sich in ihren sittlichen und moralischen Vorstellungen belästigt. Diskotheken und Vergnügungslokale sind nicht zufällig gesuchte Ziele für Anschläge. Nur vordergründig geht es dabei um den Angriff auf die Spaßgesellschaft und den freizügigen Umgang mit der Sexualität. Denn in der islamischen Welt ist Sexualität identisch mit der weiblichen Sphäre. Die Grenzen der Frau in der Öffentlichkeit bilden auch die Grenzen der Sexualität. Die sexistische Wahrnehmung der Frau bildet das Herzstück der muslimischen Gesellschaftsordnung. Was wir heute nach den

Attacken der muslimischen Terroristen wahrzunehmen beginnen ist kein Glaubenskrieg. Es ist ein erbarmungsloser Geschlechterkrieg, der Aufstand der männlichen Dominanz gegen die Befreiung und Gleichstellung der Frau. Das Paradies, so heißt es in der islamischen Tradition, sei unter den Füßen der Mütter. Die Hölle aber, so könnte man weiterdenken, ist voller aufmüpfiger Frauen.

Gefangene des eigenen Hauses

Die islamischen Gesellschaften haben den Machtverlust der letzten Jahrhunderte nicht verkraften können. Spätestens seit der Kolonialzeit, begleitet und forciert durch die Moderne mit ihren technischen und geistigen Errungenschaften wird nach einer Übersetzung der Gegenwart in die muslimische Wirklichkeit gesucht. Nach einer kreativen Phase Anfang des 20. Jahrhunderts, die vor allem in der Türkei und in Ägypten ihren geistigen Boden gefunden hatte, gab es, vielleicht mit Ausnahme der Türkei, keine dynamische Fortsetzung der Modernisierung mehr, sondern Stagnation. Steckengeblieben sind nicht nur die kritische Analyse religiöser Quellen und eine historisch-kritische Interpretation der Tradition, auch der Aufbau einer funktionierenden Gesellschaftsordnung und einer effizienten Wirtschaftsordnung, die den Bedürfnissen der Menschen entspricht, kam zum Erliegen.

Die Folgen dieser Stagnation sind überall sichtbar: Despotische politische Herrschaftsverhältnisse, Verarmung weiter Bevölkerungskreise, eine engstirnige, dogmatische Interpretation der Religion, geistig-kulturelle Austrocknung. Die Religion hat ihre ethisch-moralische Dimension weithin eingebüßt, weil ihre Ansprüche und Einsichten ohne eine Übersetzung in die Verhältnisse der Gegenwart zu einer Fremdsprache geworden sind. Das Zeichensystem ist am geschichtlichen Jenseits orientiert. Muslimische Prediger sprechen vom Propheten und von seinen Mitstreitern wie von einem Zeitgenossen.

Anspruch und Wirklichkeit klaffen so weit auseinander, dass sich Realitätsverlust und als dessen Ergebnis Frust und Enttäuschung ausbreiten. Statt sich der Krise gewahr zu werden und sich einer selbstkritischen Analyse auszusetzen, ziehen viele geistliche Denker in der islamischen Welt einen dünkelhaften Auftritt vor. Damit büßen sie ihre intellektuelle Kompetenz ein.

Sie projizieren ihre Ohnmacht auf den übermächtigen Westen. Die Gewaltausbrüche im Namen des Islam sind Folgen solcher Projektion. Im Haus des Islam wird nicht mehr gesprochen, weil Sprache als Erkenntnisinstrument und als dialogisches Medium versagt. Der Feind ist ausgemacht, sein Sündenregister ist lang, allein der Kolonialismus und die Folgen der Kolonialherrschaft reichen aus, um Hass und Gewalt zu legitimieren.

Eigentlich sitzt die islamische Kultur heute in einer Falle, die sie sich selbst gestellt hat. Die Sprache des Glaubens war von Anfang an eine einfache. Die Bilderwelten des Koran sind schlicht, ebenso das Weltbild. Der islamische Glaube ist praxisorientiert. Er muss gelebt werden um zu existieren. Theoretischem Denken und analytischen Erkenntnissen sind enge Grenzen gesetzt. Die dichotomische Aufteilung der Menschheit in Gläubige und Ungläubige und der sozial-politische Auftrag der Religion, Gemeinsinn zu stiften, haben den Islam vor vierzehn Jahrhunderten stark gemacht. Vor allem für die zerstrittenen arabischen Stämme brachte der Glaube an den einen Gott Allah einen kollektiven Impuls, der sich durch die schnelle Ausbreitung des Islam auch als politische Herrschaftsform etablierte. Der Glaube an die eigene Vollkommenheit im Gegensatz gegenüber den "Halbwahrheiten" der anderen Mitglieder der Glaubensfamilie, namentlich Juden und Christen, sollte bis ans Ende der Tage einen Posten als Familienoberhaupt garantieren. Und eine Zeitlang ging das auch gut. Aber nicht weil der Koran die alleinige Richtschnur der Muslime war, sondern weil die muslimische Gesellschaft es verstanden hatte, in Berührung und Austausch mit anderen Kulturen, vor allem mit der altgriechischen und der persischen Kultur, zu reifen. Davon profitierten in erster Linie die Philosophie und die Naturwissenschaften. Die Muslime in Damaskus, Bagdad und Andalusien waren Vordenker, standen damals zumindest auf der Höhe ihrer Zeit.

Der Rückfall in die einfachen Wahrheiten beginnt mit der Durchsetzung des Dogmatismus im geistigen Leben ab dem 13. Jahrhundert. Sicherlich gab es politische Ursachen für diesen Siegeszug der primitiven Ideologie. Die Kreuzzüge und der Mongolensturm brachten Not und Verwüstung in den islamischen Herrschaftsbereich. Tiefergehende Ursachen aber lagen in der Natur der islamischen Lehre, sich selbst als den Siegel der Wahrheit, als die nicht anzuzweifelnde göttliche Offenbarung zu definieren und stärker als andere Religionen über intakte Quellen zu verfügen, die diesen hohen Anspruch auch stützen konnten. Der Zweifel und die kritische Reflektion wurden zunehmend aus dem islamischen Denkapparat entfernt. Sie wurden ersetzt durch das Memorieren und Überliefern. Binnen weniger Jahrhunderte erstarrte die islamische Kultur, und der muslimische Teil der Erde verlor an gesellschaftlicher und wirtschaftlicher Kraft. Er wurde zum Übernahmekandidaten für die aufstrebenden Mächte Europas.

Einfache Wahrheiten und eine dichotomische Weltsicht haben gerade in unseren vertrackten, verbildeten Zeiten auch ihren Reiz. Sie bieten so etwas wie eine schnell auffindbare Adresse im Dschungel. Leider stellt sich dann schnell heraus, dass diese Adresse unbewohnbar ist und keinerlei Schutz bietet. Wer sich die Mühen des Weitersuchens ersparen will, versucht sich dort einzurichten, rüstet gegen Feinde und Eindringlinge. Heimisch wird er dennoch nicht. Die eingebildete Heimat ist immer die Hölle. Wenn der Impuls des Suchens verlorengegangen ist, schwindet auch die Hoffnung nach einem Ausweg.

Einen islamischen Wertekanon, der Antworten auf dringende Fragen der Menschheit gibt, sucht man vergebens. Stattdessen sind vielen Muslimen die Gesetze der Scharia heilig, will heißen die martialische Abstrafung der Sünder, die Knechtung der Frau, die Etablierung unmenschlicher Lebensverhältnisse und despotischer Herrschaftssysteme.

Heute stehen die Muslime mit dem Koran in der Hand und verloren auf der Welt da. Sie sind in der Gegenwart nicht mehr zu Hause. Sie haben sich selbst zu Gefangenen ihrer ideologischen Simplifizierungen gemacht. Sie befinden sich in der Gefangenschaft der eigenen Geschichte und des eigenen Hauses. Sie wären auf einfallsreiche Übersetzer angewiesen, die die einfachen Botschaften von der Vergangenheit in die Gegenwart transferieren und für unsere komplizierte Welt verständlich und somit auch kommunizierbar machen können. Doch solche Leuchten gibt es nur wenige. Es sind verstreute Stimmen in der Diaspora ohne wirklichen Einfluss auf die Kulturen in der islamischen Welt. Anstatt ihrer dominieren gegenwärtig Hooligans des Glaubens, die davon leben, dass alles so bleibt wie es ist. Denn sie wähnen sich im Besitz der absoluten Wahrheit, und jeder kritische Ansatz, jede Nachfrage ist in ihren Augen ein Verrat an göttlicher bestimmter Gewissheit.

Männer in den Bergen

Die Männer treffen sich in den Bergen. Sie kommen von überall her, sind weder nach der Sprache eins, noch nach ihrer Herkunft. Sie haben Wüsten überquert, die zum Leuchten gebracht wurden, greller als die Sonne es vollbringen kann. Sie haben in Städten gelebt, in Reichtum und Ehren, haben Handel getrieben, sind in die Lehre gegangen, um Schiffe und Häuser zu bauen – manche waren rührig andere haben gedöst – und kommen schließlich mit nichts als Salz auf der Haut, als wären sie durch die Weltmeere geschwommen, unaufhaltsam in abgelegene Berge.

Sie haben alle denselben Weg eingeschlagen, jenen Weg, der in keinem Atlas verzeichnet ist, ein Pfad der vereinsamt, ein schmaler Weg, der verbündet, der keine Rückkehr zulässt und nur ein Ziel vorgibt.

Nicht das Leben mit seinen zahllosen Verästelungen eint die Menschen, sondern dieser Weg, der aus dem Leben hinaus führt, dieser einzigartige Weg des Verschwindens. Der Unvermeidliche, kein Weg ist ihm gleich.

Der Glaube schlägt jedem, der verloren zu gehen droht, eine Schneise, abseits davon ist Ablenkung, sind Irrwege, ist das Höllenfeuer mit seinem erkalteten Gestein. Dieser Weg beginnt dort, wo das Leben sich nicht mehr fortsetzen lässt, wo die Sprache mitten im Worte abbricht, wo der Orientierungssinn versagt. Und dieser Weg endet unter einem sternübersäten Himmel, in dem jeder Sonnenaufgang ein Wunder ist, ein Platzanweiser für das sprunghafte Herz, jeder Windhauch ein Atemzug des Heimkehrers. Jenes Heimkehrers, der durch die Welten reist, um endlich zu jener, nur für ihn bestimmten Quelle zu stoßen, um aus ihr zu trinken und Schluck für Schluck den Körper von innen aus zu waschen. Wird man so unsterblich?

Wie sich der Tod nicht vorherbestimmen lässt, so ist auch das Leben jenseits seiner aufgezeichneten Maße und Verstrickungen ein fortwährendes

Geheimnis. Außerhalb der Zeit und ihrer absoluten Herrschaft über Körper und Seele öffnet sich ein Raum, der sich verselbständigt hat, wo das Geschöpf seinem Schöpfer auf Augenhöhe entgegentritt, wie jenseits des Gesetzes der entlaufene Sklave seinem Herrn. Zu diesem Herrn der Welten kommen sie aus allen Richtungen und Herkünften, verlassen Familie und Sippschaft, legen Namen und Titel ab, werden vermisst, totgesagt, geliebt, gehasst, gefürchtet und verehrt. Denn sie haben dem Leben alle Zähne gezogen und haben nichts mehr zu verlieren, nun, da sie alles aufgegeben haben, bis auf die Mutter aller Triebe, den Selbstzerstörungstrieb.

Auf Reisen hat man leichtes Gepäck, wenn man nicht wieder zurückkehrt. Ein melancholischer Gedanke: Man stelle sich vor, die Männer in den Bergen läsen *"Der Fremde"* von Albert Camus. Tun sie es, um "Monsieur Antichrist" zu verstehen oder weil ihre Pässe ungültig geworden sind? Vielleicht beides?

In Tora Bora und auf dem Obersalzberg vertreiben sich die Männer die Langeweile mit Bemalen von Weltplänen, die es schon längst nicht mehr gibt, oder nur als Attrappen für Touristen. Die Männer aber malen noch mit Blut. Die einst dort standen auf der Monsterplattform, in ihren geschniegelten Uniformen zum Gruppenfoto versammelt, tragen jetzt zerrissene Hemden und abgenutzte Jeans.

In die Berge geht man nicht nur, um sich zu verstecken, sondern auch, weil man gesehen werden will, ohne selbst zu sehen, um auf die Welt herunterzublicken, wie ein Kosmonaut. Damals gab es noch kein Fernsehen, aber die Wochenschau im Lichtbildtheater, und nun tun die Männer so, als hätte es die Tagesschau im Wohnzimmer schon immer gegeben. Die einen, an der Brüstung am Rande des Abgrunds, den Rücken gewandt zum sicheren Fels mit ausgestreckten Armen, nicht zu Umarmen das leere Gegenüber: Der ausgestreckte Arm eine Waffe am Körper, dessen Begierde unerfüllt bleibt, während der Arm zu schießen beginnt. Die anderen liegen im Gras, küssen die Erde, murmeln Gebete und schlafen, die flache Hand unterm Kopf. Wenn sie nicht schlafen, beten sie, und wenn sie nicht beten, gehen sie töten. Sie schlafen so, wie die anderen einst redeten. Ihr Schlaf ist die Übersetzung von deren Rede. Und der Kopf ist ihre Waffe, nicht weniger gemein als der Arm, als der Spuk auf der Zunge. Es gibt zwar keinen Berghof mit vergoldetem Aufzug in Tora Bora und auch keinen in Stein gehauenen Asphalt. Doch müßig ist eine derartige Auflistung augenfälliger Unterschiede. Denn die brüderlichen Gene der Bergsteiger lassen sich davon nicht beeindrucken.

Wie weit ist es also von Tora Bora nach Obersalzberg? Nicht so weit wie auf der Karte. Landkarten sind ungebräuchlich, wenn der Mensch unterwegs ist. Und viele sind es. Dem Globus geht die Luft aus. Auch so lässt sich die Schöpfungsgeschichte deuten: Die ganze Erde nur ein Labor für Menschenversuche.

In den Bergen wechseln die Jahreszeiten, nicht das Gemüt. Die Natur verhält sich gleichgültig gegenüber den Eindringlingen. Das Oberraubtier Mensch ist gegen gewöhnliche Raubtiere schonungslos, da sollte keines einen Fehler machen und sich mit ihm messen wollen. Der Weg von der Zivilisation in die Natur führt immer an der Barbarei entlang, ein Fuß zertritt was der andere Fuß pflanzt. In der Zivilisation schont oder vernichtet man nicht bewusst, vielmehr aus Gewohnheit. Die Gewohnheit, in welcher der Mensch am ausdauerndsten ist, ist wohl die Gemeinheit, das langsame Töten auf Umwegen, das Hintergehen auf unauffälligen Bühnen, das Überraschen im Schlaf und der Fuchsschlaf dessen, der zu allem entschlossen ist. Das Sich-Opfern dagegen ist Glaubenssache, lässt sich nicht diskutieren, Blut ist Gottes Währung, begrenzt in allen Körpern, endlich wie das Leben selbst, fast so kostbar wie der Schlaf. Der Schlaf ist das Blut der Seele, es zu vergeuden üblere Tat, als die Körper bluten zu lassen.

Wenn Männer in die Berge gehen, dann um den Blutkreislauf ihrer Seele wieder in Ordnung zu bringen. Woanders nennt man ihr Leiden Herzinfarkt, bei ihnen aber handelt es sich um einen Infarkt des Bewusstseins, der alle Fragen lähmt, die ein Zweifelnder stellt, bei geringer bis gar nicht gültiger Antwort. Mancher kann nicht einmal seinen Namen schreiben, während andere, die gar keine Namen mehr tragen, heilige Texte aus dem Stegreif rezitieren, als wären sie mit jenen Worten auf die Welt gekommen oder als hätten sie sie noch im Bauch der Mutter memoriert. Ist man von der Nabelschnur der Mutter abgetrennt, hängt man bereits an der Richtschnur des Vaters. Es sind die Wörter, die ins Ohr geflüstert und gebrüllt werden und die den Körper besetzen, noch bevor er vom Geiste ergriffen wird. Sie füttern die Ängste und stillen die Sehnsucht nach Schoßwärme. Das ganze ist ein Wettbewerb, die freie Rede gegen die gebundene, die Erfindung des Augenblicks gegen das Augenbild, an dem es immer Zweifel gibt. Überhaupt Zweifel, jene im Gedränge herrschende, herrschsüchtige, jede Mathematik des Glaubens verwirrende, menschliche Verirrung. Sie sei gebannt auf alle Ewigkeit, wie der Satan mit seinen drei Versuchungen.

Die Männer spielen Versteckspiele in den Bergen, während der Rest der Welt sie sucht, mancher mit der Waffe in der Hand, andere mit dem Lichtkegel ihres Herzens. Doch dicht sind die Wälder, steil und lückenlos die Felsen, trügerisch die Luftspiegelungen der Wüste. Man ruft den Schuldigen aus, doch dieser verhöhnt die Schuld und macht sich davon mit seinen Getreuen. Was ist in sie gefahren, dass sie so jenseits von Recht handeln? Im Namen welchen Gesetzes? Sie ließen keinen Stein auf dem anderen, um die Hure zu züchtigen, wie es geschrieben stand, jetzt fehlt ihnen der Vorwerfer, der, frei von Sünde, die Steine wieder einsammelt, um das nächste Urteil zu fällen. Doch die Kette des Urteils ist zerbrochen, sie werden nicht mehr fündig, außer ein paar Worten gibt es nichts, was an Steine erinnert, und die Hand wird Stein, und der Arm, der einst die Hand bewegte um zu vollstrekken, ragt empor wie ein Felsen. Die Männer in den Bergen sind in Verruf geraten und mit ihnen ihre ganze Sippschaft, die ahnungslos auf Wunder wartet, auf das große Gerechtigkeitswunder, das die Zeiten beschließt und den Weltplan erfüllt. Doch es gibt immer einen nächsten Tag, der von diesem Plan abweicht, und der Jüngste darunter bleibt aus. Der alte Uhrmacher hat keine Eile, sein Werk zu vollenden.

Gespräch über Bäume

Wieso sitzt du auf dem Baum und nicht in seinem Schatten?

Weil ich hier Gott näher bin.

Ich glaube, du bist dort nur der Sonne näher und hast inzwischen bestimmt einen Sonnenstich.

Kümmere dich um deine eigenen Angelegenheiten. Was geht es dich an, wo ich sitze?

Nun, ich bin gekommen, um diesen Baum zu fällen. Er ist krank.

Wenn du ihn fällst, gibt es auch keinen Schatten mehr.

Das mag sein, aber du musst jetzt trotzdem da herunterklettern.

Das kann ich nicht, ich muss warten, bis die Sonne untergegangen ist.

Dann habe ich ja schon Feierabend.

Der Baum ist doch gar nicht krank.

So, du bist also Experte und kennst dich mit Bäumen aus.

Nein, aber mit Krankheiten. Soll ich dir deine aufzählen?

Blödsinn! Ich bin kerngesund.

Alle Ungläubigen sind krank. Und das schlimmste dabei ist, sie ahnen es nicht einmal.

Du warst wirklich zu lange in der Sonne. Außerdem will ich mich mit dir nicht über meinen Glauben oder Unglauben unterhalten. Wir leben doch in einem freien Land, in dem niemand über solche Dinge Rechenschaft ablegen muss. Wir sind doch nicht mehr im Mittelalter!

Dann lass den Baum halt in Ruhe und mich sitzen, wo ich will.

Das ist doch etwas ganz anderes. Da geht es um das Wohl der Allgemeinheit. An die Gesetze muss sich jeder halten, ob gläubig oder ungläubig.

Mein Gesetz sagt mir, dass ich hier sitzen muss.

Dein Gesetz? Was ist das für ein Gesetz? Hier darf nicht jeder beliebig Gesetze machen. Es gibt nur ein Gesetz, das gilt für alle.

Es ist ja auch nicht mein Gesetz, sondern das meiner Väter und Vorväter.

Das fehlte noch, dass auch die noch auf den Baum klettern, die ganze Sippschaft auf dem Baum.

Beleidige meine Ahnen nicht. Da kann ich ganz böse werden.

Ich glaube, wir haben hier einen Fall für die Polizei.

Ungeschriebene Briefe an die Väter

"Es war auch unmöglich, dass die paar Nichtigkeiten, die Du im Namen des Judentums, mit einer ihrer Nichtigkeit entsprechenden Gleichgültigkeit ausführtest, einen höheren Sinn haben konnten. (...) wäre Dein Judentum stärker gewesen, wäre auch dein Beispiel zwingender gewesen", schreibt Franz Kafka in seinem Brief an den Vater.

Der Vater ist Repräsentant des Gesetzes. Die Familie ist das Gericht. Das Gesetz ist die versprachlichte Tradition. Doch seine Autorität ist angegriffen, weil die Sprache ihre Gültigkeit weitgehend verloren hat. Die sinnliche Ausstrahlung der Sprachbilder, die moralische Überzeugungskraft der Legenden und Parabeln aus den heiligen Texten korrespondieren nicht mehr mit dem Wortlaut des Gesetzes. Die Liste der Ge- und Verbote kann lang sein, sie wird zur Nichtigkeit in der Lebenspraxis, wenn der Bezug zum Glauben verschwunden ist. In der Leere des Gesetzes herrschen Angst und Orientierungslosigkeit. Sie sind der Grundzustand der modernen menschlichen Seele, die in einem immer leistungsfähigeren Körper ein Exilantendasein führt.

Der Vater braucht die Familie, um Recht zu sprechen und seine Autorität zu verwirklichen. Die Familie aber ist zerrüttet, so dass eine Leere um den Vater herum entstanden ist. In dieser Leere verpufft jede Rebellion. Das literarische Werk Franz Kafkas ist auch ein Ausdruck für die Aussichtslosigkeit eines sinnhaltigen Protests. Der Schritt von dort zur Negation utopischer revolutionärer Ideologien ist nicht weit.

Die Assimilierung religiöser Tradition in einer säkularisierten Gesellschaft setzt Zersetzung der Familie voraus, denn der Vater hat Glaubwürdigkeitsprobleme. Er beruft sich auf eine Tradition, die er nicht mehr repräsentiert. Wenn die Sprache ihre Deutungshoheit über die Zeichen verliert, die Lehre der Väter versagt, während Blut als Identitätsmal weiter das Denken bestimmt und das Denken blutleer geworden ist, zieht sich die Überlieferung der Tradition auf Symbole zurück. Das Gesetz ist ein leerer Rahmen. Ohne jeden Sinn erwartet der Vater seine Einhaltung. Ein Symbol; seine einzige Funktion ist die einer Markierung. Es markiert die gesetzte, vorgeschriebene Identität.

In der modernen Welt denkt man nicht mehr, um dazuzugehören, sondern um sich abzusondern. Gemeinschaft ist nur möglich, wenn Denken ersetzt wird, von einer Chiffrierung des Geistes, in der das Formelhafte das Prozesshafte ablöst, nicht hinterfragbare Symbole allgewaltig Macht ausüben und die innere Struktur des Ich von außen nicht mehr erreichbar ist. Die klassische Rebellion der Söhne gegen die Väter bleibt also aus, dafür gibt es eine Rebellion aus der symbolhaften Tradition heraus, eine "Talibanisierung" des Glaubens, Verhärtung, kämpferische, aggressive Selbstbehauptungsrituale, gekoppelt an einen unbändigen Selbstzerstörungstrieb.

Das Gesetz ist nicht mehr gültig, also gibt es gar kein Gesetz. Es folgt eine Verwahrlosung sittlicher Werte, nicht durch die Umwertung traditioneller Werte, sondern durch ihre Radikalisierung und Zuspitzung, motiviert durch die Erinnerung an das Aufgegebene. An Stelle der eigenen Normen ist in der traditionellen Welt der orthodoxen Gläubigen nicht die säkulare, globalisierte Kultur des Westens getreten, sondern die bruchstückhafte Erinnerung an die Tradition, entlang gesellschaftlich nicht mehr relevanter Gesetzeslinien.

Aus der gescheiterten Assimilation wird der Begriff der Integration geboren, der nicht weiter führt, weil die Erwartung der Assimilation ungebrochen weiter wirkt, unerfüllbar, und dennoch eingefordert, eine Quelle der Enttäuschung und des Misstrauens.

Die Familie, wäre sie intakt, hätte durch ihre Bildungs- und Gerichtsfunktion für einen stilleren Übergang, für eine zivile Transformation sorgen können. Doch an die Stelle der Familie als Instanz der Zugehörigkeit tritt das Geschlecht und sein bündisches Verlangen nach Abwehr und

Gleichschaltung. Das männliche Ritual der Söhne entspringt aus der lächerlich unbedeutenden, sinnentleerten Präsentation der Tradition durch den Vater. Die Auflösung der sozialen Institutionen wie Familie, Kirche, Schule in der späten Moderne hat entweder das lose, ungebundene Individuum oder das eingebundene, mit Markenzeichen definierte Mitglied geschaffen. Beide Existenzen leiden an Psychosen. Die Melancholie der Ersteren wandelt sich bei den Zweitgenannten in cholerische Wut um. Die sozialen und intellektuellen Normen der offenen Gesellschaften, ihre Ideale, wie Konsensfähigkeit, Kommunikation, Selbstbestimmung und persönliche Freiheit des Einzelnen kollidieren mit den Gruppenideologien.

Wir erleben heute keinen Konflikt mehr zwischen den Religionen, sondern eine Auseinandersetzung in den Religionen und in den von ihnen beeinflussten Kulturen selbst, eine Art Glaubensbruderkrieg. Der von säkularisierten Gesellschaften domestizierten Form des Glaubens stehen fundamentalistische Lesarten gegenüber, die nicht eine Glaubensvariante unter anderen darstellen, sondern die ewige und allgemeingültige, göttliche Wahrheit für sich beanspruchen. Der saudische Wahhabismus und der protestantische Fundamentalismus in den USA weisen zahlreiche Parallelen auf. Ein strenges Regelwerk und auf Strafe und Lohn beruhende Glaubenshaltung geben einer materiell hochentwickelten Welt scheinbar Sinn. Tatsächlich aber etablieren sie ein System der Philister, in der sich Lüge und Wahrheit, Ehrfurcht und Missachtung der Schöpfung nicht ausschließen.

Der melancholische Despotismus in vielen arabischen Staaten lässt eine Befreiung aus eigener Kraft nicht mehr zu. Das islamische Gesetz, Scharia, dient als Hülle eines jedem Rechtsempfinden widersprechenden Unrechtssystems, dessen Stützen die Endzeitmelancholie und die Sicherung von Pfründen für treue Untertanen sind.

Der absolute Wahrheitsanspruch kann in einer bestimmten gesellschaftlichen Situation überall in einen politischen Totalitarismus umschlagen. Auch wenn eine solche Radikalisierung in Demokratien wie den USA eher als in autoritär strukturierten muslimischen Gesellschaften auf Widerstand stoßen würde, ganz immun gegen eine solche Entwicklung ist keine Gesellschaft. Die Revitalisierung irrationaler Endzeitphantasien, die Restaurierung religiöser Dogmen und der Sexualmoral schaffen gerade in aufgeklärten, säkularisierten Gesellschaften wieder eine religiöse Gruppenidentität der korrekten Frommen. Der "wahre" Glaube und konformes moralisches Empfinden können auch politische Entscheidungen herbeiführen oder zumindest beeinflussen.

Wer bewusst als Jungfrau in die Ehe geht, ist unter den Frauen moderner Gesellschaften vielleicht in der Minderheit. Die religiöse Begründung dieses Verhaltens aber legt die Fundamente zu einer Gruppenidentität jenseits von individueller Entscheidungsfreiheit: Wer verhält sich so wie ich? Was sind die Gründe? Nicht eine Analyse des Verhaltens selbst, sondern die korrekte Form in seiner rationalen Unbegründbarkeit steht an.

Das ist ein Urkonflikt zwischen traditionellen und modernen Gesellschaften. Dieser Konflikt zwischen Tradition und Moderne, der im Zuge der Aufklärung einsetzte, erlebt heute eine Zuspitzung unter gänzlich anderen Bedingungen als im 19. Jahrhundert, als der Aufbruch in die Moderne eine weitgehend ungebrochene Kraft entfalten konnte. In der Spätmoderne sind die Institutionen der offenen Gesellschaft angeschlagen, sie sind angreifbarer geworden, ihre Ausstrahlung ist nur begrenzt, ihre Assimilationskraft erlahmt, so dass statt einer intellektuellen Auseinandersetzung um Werte ein ökonomischer und militärischer Konflikt um Ressourcen und Herrschaftsgebiete stattfindet.

Dabei sorgt in der Auseinandersetzung mit der islamischen Welt die materielle und technische Überlegenheit des Westens für ein ungleiches Kräfteverhältnis. Aus dieser Ungleichheit entsteht ein moralisches Vakuum, das den Feinden der offenen Gesellschaft und der westlichen Zivilisation willkommenen Anlass für rhetorische Anmaßungen bietet.

Ende des 19. Jahrhunderts durchlebte die jüdische Minderheit Europas eine Auflösung ihrer sozialen und ethischen Normen. Aufklärung und Assimilierung ließen ein jüdisches Bürgertum entstehen. Die Konflikte, die diesen Transformationen innewohnten, haben Sigmund Freud und Franz Kafka in ihren Werken eindrucksvoll dargestellt.

Am Beginn des 21. Jahrhunderts fehlt eine solch kompetente Darstellung für die islamische Kultur. Stattdessen gibt es viele ungeschriebene Briefe an den Vater. Der Grund für die Sprachlosigkeit der Söhne und ihre radikale Gewalttätigkeit, die aus dieser Sprachlosigkeit erwächst, liegt in der völlig anderen Natur der Auflösung traditioneller Werte heute.

In der islamischen Kultur Europas findet der Übergang von der traditionellen Wertegemeinschaft in die offene bürgerliche Gesellschaft nicht mehr nach den assimilatorischen Regeln des 19. Jahrhunderts statt. Kafkas innerer Terror, seine bedrückende Traumwelt und seine melancholische Persiflage der Tradition – begründet nicht durch zu viel, sondern durch zu wenig Tradition –, das alles drückt sich heute als ein nach außen gewendeter Zerstörungstrieb aus. Seine sadomasochistischen Phantasien sind längst nach außen gekehrte körperliche Wirklichkeit.

Die sentimentale Übergangsphase von einer traditionellen zu einer modernen Gesellschaft, vom Glauben zur Skepsis, das halbherzige Anhängen an der Überlieferung und an ihren Riten, die man vor allem in Mitteleuropa des Fin de Siècle beobachten konnte, führt heute nicht mehr in die Verlassenheit, zur Abwesenheit Gottes und des Gesetzes, sondern zu einer reduktiven Verschärfung (Talibanisierung) der Tradition. Die Rebellion ist reaktionär. Der Terrorakt am 11. September 2001 in New York war der Ausdruck einer postkünstlerischen, sprachfernen Zeit, in der die innere Uhr des Künstlers zum Stillstand gekommen ist und sich zum Zeitzünder einer Bombe verwandelt hat, in den Händen des Attentäters.

Postskriptum

Bei der Lektüre von Elie Wiesels Autobiographie *"Alle Flüsse fließen ins Meer"* stelle ich fest, wie viel Verwandtschaft es gibt zwischen der jüdischen und der muslimischen Welt. Die in den Talmud versunkenen Gelehrten, die an Wunder und die absolute Gerechtigkeit des einen und einzigen Gottes glauben, die Zweifel, die dem Leidenden kommen, der Unglaube und der Glaube vereint in der menschlichen Existenz, die göttliche Ordnung der Dinge und das menschliche Chaos, die Suche nach Erfüllung und Erleuchtung im Leben, das Milieu der Schrift und ihrer Interpretation, die heiligen Bücher und ihr Studium, das von Vorschriften durchdrungene Leben der Frommen und ihre störrische Einsamkeit in modernen Zeiten, sie haben alle ihr Pendant in der muslimischen Welt. Doch während die jüdische Existenz in der Moderne von sprachgewaltigen Autoren wie Wiesel beschrieben, von Philosophen wie Emmanuel Lévinas durchdacht wird, bleibt die muslimische Existenz im Verborgenen. Die Muslime haben Körper, aber keine Seelen. Es gibt Bilder von ihnen, aber keine Sprache, die diese Bilder begleiten, hinterfragen oder vertiefen könnte. Auf diese Weise ist die muslimische Kultur der Verfremdung und Manipulierung durch die Medien vollkommen ausgeliefert.

Sowohl im Judentum als auch im Islam herrscht Bilderverbot. Ursprünglich im Geiste des Monotheismus und als Reaktion auf Vielgötterei und Anbetung von Götzen entstanden bekommt das Bilderverbot im visuellen Medienzeitalter eine vielschichtige Bedeutung. Fromme Menschen beider Religionen widersetzen sich dem Bild und seinem Täuschungspotential. Doch während die Juden ihm die Schrift und das Wort entgegensetzen bleiben die Muslime sprachlos. Aus ihrer Sprachlosigkeit wächst die Gewalt als Verzweiflungstat, als Ausdruck der Ausdruckslosigkeit. Nur die dichterische und die philosophische Kapazität verleiht dem Widerstand gegen die moderne visuelle Kommunikation das notwendige Fundament. Dem Amoklauf der Muslime steht das beharrliche Wort der Juden entgegen. Von den Juden könnten die Muslime viel lernen, um das geistige Potential ihrer Religion wieder zu entdecken.

Die Tradition der Sufis mit ihrer reichen Ästhetik und ihrer Weisheit, die ähnlich wie die jüdische Mystik vieles aus dem persisch-indischen Kulturraum aufgenommen hat, liegt heute ebenso brach wie die Denkschulen der muslimischen Philosophie, die einst im maurischen Spanien ihre Blütezeit erlebte. Die Rationalisten und die Skeptiker, die schwärmerischen, erotisierten Mystiker spielen in der islamischen Kultur gegenwärtig keine Rolle. Die Technokraten des Glaubens haben sie aus dem Geiste verbannt, aus dem kollektiven Gedächtnis gelöscht. Welche Wirkung geht von den vielfach gerühmten Meistern Ibn Arabi oder Rumi aus? Die Bücher der Sufimeister, die Werke muslimischer Philosophen ergäben eine stattliche Bibliothek, doch fehlt es an brauchbaren kritischen Ausgaben. Viele Editionen sind vergriffen oder unvollständig. In der Türkei können aufgrund der Schriftreform (die Übernahme des lateinischen Alphabets) jüngere Generationen nicht einmal Bibliotheken nutzen. Nur ein Bruchteil alter Werke wurde transkribiert und neu aufgelegt. Die Zahl der philosophisch geschulten Theologen lässt zu wünschen übrig. Für die Laizisten gilt die Verdrängung der Religion aus der Lehre und dem gesellschaftlichen Leben als Garant der Gedankenfreiheit. Dabei dürfte nicht die zwecklose Verdrängung sondern ihre Intellektualisierung und geistige Vertiefung das Ziel einer aufgeklärten offenen Gesellschaft sein. Der politisierten Banalisierung des Glaubens kann man nur beikommen, wenn man das Gespräch (sohbet) kultiviert und die Lektüren vertieft. Der erbärmliche Zustand der muslimischen Phantasie ist eine pathologische Angelegenheit.

"Lehre ist Lehre sich selbst zu kennen", dieser Vers des Sufidichters Yunus Emre, der im 13. Jahrhundert in Anatolien lebte und Gedichte von brillanter Klarheit und gedanklicher Tiefe schuf, fordert die muslimischen Zeitgenossen heraus, die nun schon Jahrhunderte andauernde geistige Paralyse zu beenden. Menschen zu bilden, die vermitteln, anstatt zu vernichten.

Islam, öffne dich!

Viele Ereignisse deuten daraufhin, dass Religion in unserer Zeit wieder mehr ins öffentliche Bewusstsein rückt. In den USA wurde Präsident George W. Bush auch deshalb wiedergewählt, weil er ein gläubiger Christ ist, der regelmäßig betet. In der islamischen Welt klammern sich viele Menschen in ihrer verzweifelten ökonomischen und sozialen Lage an den Glauben an Allah. Aber auch junge Männer aus der Mittelschicht reagieren auf die Herausforderungen der Moderne, mit einer Rückbesinnung auf traditionelle Werte, die ihnen angeblich die Vorherrschaft über das selbstbewusster werdende weibliche Geschlecht sichern.

In der muslimischen Welt wirkt die Religion schon lange nicht mehr als geistig-kulturelle, spirituelle Ressource. Vielmehr wird sie von Diktatoren und Anhängern einer totalitären Gesellschaftsordnung politisch instrumentalisiert. Die Relativierung von Wahrheit im Zuge des Aufklärungsprozesses fordert all jene heraus, die in der Religion eine Quelle absoluter Gewissheit sehen. Sich gegen Gottes Wort aufzulehnen ist im Islam die größte Sünde. Folglich ist Kritik am Koran und am Propheten Mohammed nicht nur Blasphemie, sondern auch größtmögliche Straftat. Für die Eiferer steht fest, dass die Strafe für solche Taten nur der Tod sein kann.

Wie konnte eine derartige Simplifizierung des Glaubens Oberhand gewinnen? Ist der Islam gegenüber den anderen monotheistischen Religionen, wie das Christentum und das Judentum wirklich im Nachteil, wenn es um die Verwirklichung der Moderne und Aufklärung aus der Perspektive des Gläubigen geht?

Jede Religion ist auch ein soziales Phänomen. Ihren Stellenwert in der Gesellschaft sichert sie sich im Austausch mit anderen kulturellen Faktoren. Wenn dieser Austausch nicht stattfindet oder verhindert wird, setzt eine geistige Erstarrung ein, die immer in eine Krise mündet. Der Islam befindet sich in einer solchen Phase. Längst gekappt sind alle Verbindungen, die vom Glaubenskorpus in die Künste und Wissenschaften hinein führen. Umgekehrt erreichen die Erkenntnisse der Kunst und Wissenschaft ebensowenig die Religion. So haben sich die säkularen Ansätze in den islamischen Gesellschaften nicht innerhalb der Religion etablieren können, sondern sind gesellschaftliche Vorstellungen geblieben, die bestenfalls das politische System modernisieren. Unvermeidlich für eine Stabilisierung und Vertiefung des säkularen politischen Systems aber ist eine innere Reformation der Religion. Die Aufgabe einer solchen Reformation ist die Öffnung der religiösen Gedankenwelt zur Kultur der säkularen Gesellschaft und die Etablierung einer bürgerlichen Weltanschauung innerhalb der Religion. Nur auf diese Weise können sich kritisches Denken und ein aufklärerischer Ansatz auch innerhalb der Religion etablieren und so den Weg zur geistigen Erneuerung ebnen.

Der Zweifel ist ein Teil des Glaubens. Genauso gehört der Nichtglaube zur menschlichen Denkerfahrung. Buchstabentreue und Sinn wurden einst auseinandergehalten. Vor Jahrhunderten war die muslimische Kultur schon einmal weiter als heute. Die Skepsis eines mittelalterlichen Mystikers wie Yunus Emre ist auch nach siebenhundert Jahren unvermindert eindringlich:

"Lehre ist Lehre zu kennen / Lehre sich selbst zu kennen / Kennst du dich selbst nicht / wie ist da Lehre möglich? /... / Du liest die Buchstaben /Alle der Reihe nach Hodscha / Du sagst dein Aleph auf / Doch was heißt das im Kern?"

Selbst Vorstellungen von Gott und die Kernsätze des Glaubens legte eine vom antiken Griechenland inspirierte muslimische Philosophie im Mittelalter auf die rationalistische Waagschale. So erschien dem Philosophen Ernst Bloch in seiner heute leider fast vergessenen Schrift "Avicenna und die Aristotelische Linke" die muslimische Interpretation der Griechen nicht nur als Fundament für eine philosophische Renaissance innerhalb der christlichen Ideenwelt, ja er bescheinigte ihr eine wesentlich freiheitlichere und somit auch fortschrittlichere Grundhaltung. Heute dagegen darf man in der vorherrschenden muslimischen Kultur nicht einmal mehr die Tradition hinterfragen. Jede Fragestellung wird sofort als gefährliche Falltür ins Herz einer feindlichen, weil dem Unglauben verfallenen Umwelt angesehen.

Der beherrschende Teil des Islam hat nicht nur ein Kommunikationsproblem mit der aufgeklärten, säkularen Kultur des Westens, sondern auch mit sich selbst. Der Koran wird inzwischen rezipiert wie die Maobibel. Der Prophet Mohammed und seine Mitstreiter haben längst einen unantastbaren Status, sind quasi außergeschichtliche Figuren, deren Denken und Verhalten weder sozial noch historisch zu deuten sind. Das Endergebnis ist eine von ihren geistigen Ressourcen abgeschnittene, karikaturhafte Religion, deren Hauptakteure frankensteinähnliche Züge tragen.

Wir befinden uns nicht mehr im Zenit einer aufklärerischen Epoche, sondern längst in einer von der Postmoderne und der Aufklärungskritik durchdrungenen Zeitspanne. Die Grenzen des Rationalismus wurden sowohl philosophisch als auch ästhetisch beschrieben. Das Unbehagen an unserer unsicheren Zeit wird durch das Gefühl der Unbehaustheit verstärkt. Der Fremde ist längst zum Mythos des modernen Menschen geworden. Ungebrochen aber ist auch die menschliche Sehnsucht nach Mündigkeit. Allein das Versprechen, das einmal von ihr ausgegangen ist, scheint etwas verblasst. Die Suche nach Spiritualität und übersinnlichen Denkformationen ist durchaus Bestandteil unserer Gegenwartskultur. Der Islam aber scheint als geistige Inspirationsquelle auszufallen. Er wird lediglich zum Nachrichtenspender für Katastrophen, für terroristische Anschläge und militärische Ereignisse. Das ist um so mehr zu bedauern, wenn man sich an die einstige, geistig anspruchsvolle und ästhetisch reizvolle Entwicklung seiner Kultur erinnert.

Musik, Literatur und Künste müssten von den Muslimen wieder mehr als eine Ausdrucksmöglichkeit ihrer geistigen Verfassung entdeckt werden, als eine Möglichkeit, die Welt persönlich zu beschreiben. Wer das Alphabet der persönlichen Ausdrucksweise verlernt hat, wird auf unserer Welt nicht heimisch. Jeder Koranleser hat diese persönliche Sprache, der Koran selbst aber hat sie nicht. Als Gottes Wort bleibt er dem menschlichen Geist entrückt. Er offenbart sich erst durch seinen Klang im menschlichen Ohr. Dieser Klang kann durchaus als musikalisches Ereignis wahrgenommen werden, wenn er auf eine Kultur trifft, die sich ihren ästhetischen Kapazitäten gegenüber nicht verschließt.

Das Verhältnis zwischen dem Heiligen und dem Profanen muss immer wieder mit Spannung aufgeladen werden, um Kreativität zu erzeugen. Das schließt blasphemische, provokante Ausdrucksweisen ebenso ein, wie mystische und geistliche Deutungen. Allein in ihrer Widersprüchlichkeit und Vieldeutigkeit kann eine Kultur aufleben. Und nur jene Religion, die in eine derartige Kultur eingebettet ist, entfaltet ihre spirituelle Kraft.

Glaube und Krise

Der Mensch braucht Religion, so wie er Dichtung und Märchen braucht. Auch jenseits der Schar der Gläubigen gibt es Glauben. Der persönliche Glaube muss nicht mit der Religion des öffentlichen Raumes übereinstimmen. Er kann Elemente enthalten, die über eine Interpretation religiöser Überlieferung hinausgehen. Das religiöse Erlebnis, wie es von Mystikern erfahren und oft in wunderbarer Dichtung ausgedrückt worden ist, basiert auf persönlichem Glauben. Die Mystiker suchten die Nähe zu Gott, bei sich selbst und nicht in der Glaubensgemeinschaft. Denn in der Gemeinschaft zu erfahren ist nur der geteilte Glaube, nur ein Bruchteil dessen, was Gott dem Menschen anvertraut hat.

Im Kollektiv werden das Ritual und die Überlieferung bestätigt. Der Einzelne sucht Bestätigung seines Glaubens im Spiegel des Anderen. So wird der Glaube reproduziert. Er wird zur Massenware, zum Konsumgut. Erneuerung aber entsteht nur durch Absonderung. Denn das kritische Denken setzt Distanz voraus. Den Islam habe ich immer als eine Religion des persönlichen Glaubens verstanden. Das mag überraschen, wenn man den Zustand des gegenwärtigen Islam näher betrachtet. Geht es darin nicht um politische Macht, um Präsenz im öffentlichen Raum, um die absolute Wahrheit, um Recht und Ordnung?

Die islamische Religion, wie sie vorherrschend gelebt wird, ist zu einer Gemeinschaftsübung verkommen. Die Wärme der Gemeinschaft schläfert ein. Das Mitglied büßt jede Distanz zum Glaubensinhalt und zu Glaubensgenossen ein. Auf diese Weise entsteht ein schematischer, unpersönlicher Glaube, dem jede kritische Betrachtung abgeht. Im Kollektiv gibt es keine Selbstkritik, sie würde die kollektive Bindung aufweichen. So kann ein Glauben, der nicht bloßes Ritual sein will, nur jenseits des Kollektivs ausgeübt werden.

Mystiker wie Ibn Arabi oder Yunus Emre, der eine aus Andalusien, der andere aus Anatolien, haben diese Absonderung von der Gemeinschaft nicht nur gelebt, sie haben sie in ihren poetischen und philosophischen Werken auch beschrieben. Durch ihre Werke hat die islamische Religion eine Vertiefung erfahren, die durch die Arbeit der Rechtsgelehrten oder Theologen nicht zu schaffen war.

Für mich ist jene Entwicklung in das Öffentliche, die die islamische Religion nach der Dekolonisierung muslimischer Länder etwa seit der Mitte des vergangenen Jahrhunderts gegangen ist, ein Irrweg. Denn der Gott der Muslime ist ein abstraktes Wesen, und im Islam steht zwischen Mensch und Gott keine Instanz, die im Namen von Gott handeln und diesen instrumentalisieren kann. Aus dieser Unmittelbarkeit, dem Zwiegespräch mit Gott schöpft der Mensch seinen persönlichen Glauben, für den er niemandem Rechenschaft schuldig ist. Darin liegt eine ungeheure Modernisierungsgabe der muslimischen Religion, die leider aufgrund der Politisierung des Islam, seiner weltlichen Instrumentalisierung, brach liegt. Denn das Zwiegespräch zwischen Schöpfer und Geschöpf ist in der lauten Menge längst verstummt.

Jede Religion ist jedoch auch ein soziales Phänomen. Sie wirkt in die Gesellschaft, stellt Regeln auf, ordnet und strukturiert. Kann sie ihrem Anspruch gerecht werden und Missbildungen menschlichen Tuns wirklich verhindern? Wohl kaum. Denn Religionen sind weitaus weniger mächtig, als es den Anschein hat. Viel zu oft sind sie bloß ein Instrument, um Dinge zu verrichten oder Ziele zu verfolgen, die mit Glaubensfragen wenig zu tun haben. Der Missbrauch der Religion nimmt zu, entsprechend ihrer abnehmenden geistigen Ausstrahlungskraft.

Auch dies ist in der islamischen Welt gut zu beobachten. Außer dem Inder Muhammad Ikbal hat die islamische Welt im 20. Jahrhundert keinen einzigen Philosophen von Weltrang hervorgebracht. Es ist nicht einmal gelungen, die Werke der großen Philosophen aus der Blütezeit der islamischen Kultur in die heutige Sprache zu bringen, um sie in aktueller Frische zu lesen. Denn nicht nur zwischen Sprachen, auch zwischen den Zeiten muss übersetzt werden. Ohne eine Übersetzung in die Jetztzeit bleibt jede Überlieferung ein unlesbarer, verlorengegangener Text.

Die Liste der Diktatoren in der islamischen Welt aber ist lang. Mancher von ihnen glaubte sogar, ein Philosoph zu sein. Viele wurden aktiv im Sinne der Modernisierung. Dabei wirkten sie wie Kurpfuscher, die am todkranken Patienten herum diagnostizierten. Inzwischen hat die islamische Welt mit Osama Bin Laden auch ihren Doktor Frankenstein, der Monster erschafft und in die Welt schickt.

Die Muslime müssen bescheidener werden, um das Potential der subjektiven Glaubenserfahrung, das in ihrer Religion als produktive Wurzel ihrer Kultur verborgen ist, wieder zu Tage zu fördern. Sie müssen wieder den Blick auf die kleinen Dinge, auf die unscheinbaren Linien und Muster ihrer Traditionen richten. Nur so kann sich eine demokratische muslimische Kultur entwickeln, die jenseits der großen Wörter und des Dünkels nach den Quellen menschlicher Existenz forscht.

Der Islam ist kein Gesetzespaket, das nur darauf wartet, aufgeschnürt zu werden. Wer ihn so versteht, missversteht ihn. Der Islam ist wie jede Religion zunächst einmal ein Blick auf die Welt, auf den anderen Menschen und die Natur, auf das Leben mit seinen vielen Rätseln, die trotz oder gerade wegen unserer Endeckerfreude und -leistungen nicht abnehmen.

Zurück zum Menschen

Die kulturelle, militärische und ökonomische Überlegenheit des Westens, die in der islamischen Welt nicht nur mit Machtverlust verbunden war, sondern auch zum Verlust ethischer und ästhetischer Kompetenzen geführt hat, drückt sich darin aus, dass sich fast alle muslimischen Denkrichtungen am Westen orientieren. Während sich Massen mobilisieren lassen für die Kleidungsvorschriften des Islam, für die Wahrung jeglicher Form, herrscht Taubheit gegenüber den sozialen Nöten der Menschen, gegenüber Tyrannei, Korruption und Unterdrückung. Trotz gegenteiliger Rhetorik: Der islamische Fundamentalismus oder Radikalismus bildet da keine Ausnahme. Im Gegenteil, er ist vielleicht die am stärksten vom Blick auf den Westen gelenkte Ideologie. Fast alle politischen Standpunkte und kulturellen Standards, die der Fundamentalismus setzt, finden ihren Ursprung in einem Vergleich mit dem Westen. Die Kluft zwischen einem Überlegenheitsgefühl gegenüber dem Westen und der von ihm dominierten Moderne, und der tatsächlichen Unterlegenheit der islamischen Kultur ist die Wurzel von Hass und sinnloser Gewalt.

Gibt es einen Ausweg aus dieser Krise? Die islamischen Kulturen müssten ihren Blick schwenken von der Betrachtung und Verteufelung des Anderen zu einer Selbstbetrachtung, zu einer meditativen Einkehr, die das eigene Handeln kritisch unter die Lupe nimmt. Einmal in den Spiegel schauen und dort nicht das verzerrte Gesicht des Anderen sehen, sondern das eigene, auch wenn der Schrecken bei diesem Anblick groß sein mag, diesen Schrecken aushalten, um einen Heilungsprozess in Gang zu setzen.

Die global vernetzten Kommunikationsstrukturen begünstigen nicht gerade ein Ausscheren aus der vergleichenden Selbstbestimmung. Vielmehr produzieren und provozieren sie ein permanentes Aufeinanderbeziehen der

Kulturen, eine Referenzialität, die kein Innehalten toleriert. Ein solches Innehalten, Insichgehen aber wäre die Voraussetzung für ein Umdenken in der islamischen Welt. Die Entdeckung der eigenen Sphäre ist mehr ein psychischer Vorgang denn ein räumlicher. Belagert und besetzt ist in der postkolonialen Situation nämlich weniger der Raum als die Seelenlandschaft.

Zu Beginn jeder Heilung steht die Diagnose und die Einwilligung des Patienten zur Therapie. Die Selbstheilungskräfte können allein in der Psyche mobilisiert werden. Die islamische Psyche stellt sich dem bislang entgegen. Sie konstruiert die Krankheit als Infektion, die man am Körper des Anderen bekämpfen muss. Der eigene Schmerz, die eigene Verwundung bleibt dabei unbehandelt. Die Krankheit wird chronisch, die Infektionsherde im eigenen Körper bleiben verborgen.

Die komplexe islamische Geschichte mit ihren politischen Machtkämpfen und ihren mäandernden, verzweigten Denkströmungen spielen im Selbstbild der Muslime heute praktisch keine Rolle mehr. Die islamische Psyche produziert keinen denkenden, mit sich ringenden Körper, sondern einen ausschließlich auf äußere Reize reagierenden Mechanismus der Abwehr. Dem Machtverlust folgte der Gesichtsverlust. Diesem folgt der Verlust der Seele. Die verlorene Seele der islamischen Kultur ist in einem kaum noch erinnerten kulturellen Gedächtnis zu suchen.

Der Westen kann die islamische Welt militärisch bekämpfen und ökonomisch und kulturell dominieren. Von ihrer Krise heilen kann er sie nicht. Dieser Heilungsprozess muss in der Welt der Muslime selbst einsetzen. In dieser Welt muss der eigene Körper wieder gefühlt, muss das Gedächtnis reaktiviert werden, um den stagnierenden Prozess der Zivilisation wieder in Gang zu bringen.

Heute ist das islamisch konstruierte Ich nicht mehr identisch mit dem islamisch gezeichneten Gesicht. Das Gesicht ist ein Abfallprodukt der Geschichte. Wut und Verzweiflung gegenüber der eigenen Ohnmacht haben es verzerrt. Das Ich als Motor der historischen Entwicklung und Reservoir der Erinnerung dagegen ist entmachtet. Der Radikalismus ist lediglich die

Zuspitzung des Identitätsverlusts, nicht aber Ausdruck der Selbstbehauptung. Nirgendwo sind islamistische Eiferer willens, sich ihrer Geschichte und Herkunft zu stellen. In der Geschichte lauern Widerspruch und Verstrickung, Zweifel und Auflehnung. Die Eiferer aber handeln so wie auf bestimmte äußere Reize fixierte, in Laboren gezüchtete Wesen, die außer Kontrolle geraten sind. Der Westen wiederum reagiert auf sie wie in Actionfilmen: Er schickt einen Helden aus der Abteilung Ungezieferbekämpfung, spezialisiert auf unberechenbare Mutanten. Und wie in den Spielfilmen ist dieser Kampf für den Mutanten nicht zu gewinnen.

Ein solches Spiel lässt sich durchaus durchkreuzen, auch wenn das dem Helden nicht gefallen dürfte. Der Mutant geht den Weg seiner Verbildung zurück und findet wieder zu seinem ursprünglichen Gesicht, um aus eigenen Augen auf die Welt, die ihn umgibt zu schauen. Er gewinnt jene Zeit zurück, die in seinem Gedächtnis verloren gegangen ist. Jene Zeit, die ihn zum Menschen macht.

Erinnerung an die übersetzende Religion

Vielen Vordenkern der europäischen Aufklärung erschien der Islam als die Vernunftreligion schlechthin. Ende des 18. Jahrhunderts schien die Türkengefahr gebannt, nachdem die Heere des Sultans 1683 vor Wien zurückgeschlagen worden waren. Die koloniale Unterwerfung der islamischen Welt hatte da noch nicht begonnen. Diese kurze Ära der Entspannung zwischen Morgen- und Abendland brachte eine faszinierende Kultur der Annäherung hervor. Angst und polemische Distanzierung wichen Neugier und Empathie.

So konnte Lessing seinen weisen Nathan entwerfen, Mozart seinen Türkenmarsch komponieren und Goethe ein "Mahomet"-Gedicht niederschreiben. In Istanbul erfreute sich die Mode der "Ungläubigen" großer Beliebtheit bei den Damen der Oberschicht. In dieser Erholungsphase zwischen den aggressiven, von kriegerischen Auseinandersetzungen durchzogenen Epochen davor und danach, blitzte für eine Weile die Utopie des Humanismus, die Möglichkeit einer Verständigung zwischen unterschiedlichen Religionen und Kulturen auf. Das Allgemeinmenschliche und die gemeinsamen Wurzeln monotheistischer Religionen traten in den Vordergrund, eine Basis, auf der Kant seine Vorstellung von der "Religion innerhalb der Grenzen der bloßen Vernunft" entwickeln konnte.

In vielerlei Hinsicht erschien der Islam den Künstlern und Gelehrten als jene Religion, die der aufklärerischen Seele am nächsten stand. Er kannte keine Kirche und keine Mittler zwischen Schöpfer und Geschöpf, sein Gottesbild war schlicht und abstrakt, seine Glaubensinhalte waren weitgehend rational erfassbar, er verteufelte nicht die Sexualität. Und nicht zuletzt hatte er durch die Rezeption der altgriechischen Philosophen als einzige Religion einen kritischen Rationalismus hervorgebracht und somit den

Grundstein für die abendländische Scholastik und die spätere Renaissance gelegt. In seiner Blütezeit vom 8. bis zum 13. Jahrhundert war der Islam die übersetzende Religion, die zwischen dem Geist der Antike und dem Monotheismus, zwischen der griechischen und der semitischen Welt kreativ vermittelte. Darüber hinaus nahm er vor allem in seinen mystischen Ausrichtungen Impulse aus der geistigen Welt Persiens und Indiens auf.

Ein solcher Eklektizismus konnte nur deshalb entstehen, weil ein bestimmtes Maß an Pluralismus und freisinnigem Denken toleriert wurde und die dogmatischen Rechtsschulen mitsamt ihren geistlichen Würdenträgern ihre totalitäre Herrschaft noch nicht ausüben konnten. 1258 wurde Bagdad, damals eine Millionenstadt mit einer hoch entwickelten Infrastruktur, von den Mongolen geplündert. In den Bibliotheken gingen Tausende Werke in Flammen auf. Die Reconquista, die christliche Rückeroberung Spaniens, die Ende des 15. Jahrhunderts abgeschlossen wurde, löste dann die letzten Refugien des freien Denkens in der islamischen Welt auf. Es folgte in Europa die finstere Epoche der Inquisition, der Mauren- und Judenverfolgung.

Wer heute das Gespräch mit Muslimen sucht, sollte sich an diese Geschichte erinnern und nicht so tun, als sei das christliche Erbe Europas identisch mit den Werten der Aufklärung. Das christliche Abendland hat ähnlich wie das muslimische Morgenland eine in sich widersprüchliche Kultur hervorgebracht, die sowohl wortgetreue und dogmatisch fixierte Lesarten der Glaubensüberlieferungen als auch freie Interpretation, sowie die künstlerische, ästhetische Umsetzung des religiösen Erbes umfasst. Wie töricht ist es heute, angesichts dieser Komplexität, den Islam jenen Kräften zu überlassen, deren kultureller Analphabetismus und arrogante Ignoranz Gewalt und Barbarei produzieren. Der muslimische Analphabetismus und die christliche Arroganz gepaart mit beiderseitiger kultureller Amnesie schaffen ein verzerrtes Bild der islamischen Kultur, reduziert auf das Kopftuch und das bluttriefende Schwert des Dschihad.

Es ist die Aufgabe der Muslime, durch eine geistige Anstrengung diesen

Teufelskreis der gegenseitigen polemischen Wahrnehmung zu durchbrechen. Diese Anstrengung fällt schwer, einerseits weil der muslimischen Welt das geistige Rüstzeug dazu fehlt. Die Jahrhunderte lange geistige Vertrocknung hat tiefe Spuren hinterlassen. Die meisten Bildungsinstitutionen sind in einem jämmerlichen Zustand. Geistige Produkte können eben nicht mit Petrodollars erworben werden wie Waffen. Andererseits aber handelt auch die christlich abendländische Welt kontraproduktiv.

Die Ausgrenzung des Islam aus der eigenen Geistesgeschichte, die als Basis für die Kolonisierung der islamischen Welt diente, ist keineswegs aufgegeben worden. Längst vergessen ist die emphatische Annäherung aus der Epoche der Aufklärung. Nicht selten werden die Muster des antisemitischen Diskurses heute nicht mehr auf die Juden, sondern auf die Muslime angewandt. Da bedrohen dunkelhäutige Menschen aus einer fernen, finsteren Zeit das weiße aufgeklärte Europa. Der Rassismus braucht heute keine pseudowissenschaftliche Grundlage wie in der Vergangenheit, er ist nur mehr eine Gefühlsregung, ein instinktiver Akt der Ausgrenzung. Es hat manchmal den Anschein, als wolle man die radikalen Randerscheinungen der muslimischen Glaubensgemeinschaft als Vorwand nutzen, um die säkulare muslimische Kultur nicht wahrnehmen zu müssen.

Die muslimische Gemeinschaft braucht dringend eine kritische Auseinandersetzung mit den eigenen Traditionen, die bei einer umfassenden Entdeckung des eigenen heterogenen kulturellen Erbes ansetzen muss und nicht halt machen darf, wenn es um Tabus geht, die andere Menschen oder Glaubensvorstellungen diskriminieren. Sie braucht aber auch Gesprächspartner, die aufrichtig an einer Anerkennung und Integration der Muslime interessiert sind. Eine solche offene Auseinandersetzung gedeiht nur in einer Gesellschaft, die akzeptiert, dass sie nicht mehr monokulturell und monoreligiös strukturiert ist und im kulturellen Pluralismus nicht nur eine Chance, sondern auch eine Stütze für Demokratie und Freiheit sieht. Auch nach vier Jahrzehnten Einwanderung fehlen hierzulande Bildungseinrich-tungen, die muslimische Theologen ausbilden. Wer aber glaubt, mit dem Verbot des

Kopftuches gegen den Islamismus kämpfen zu können ist entweder naiv oder böswillig.

Nicht die christliche Gesinnung, sondern die Werte der Aufklärung stehen heute auf dem Prüfstand. Nur wer sich daran erinnert, dass der Islam nicht nur ein Eindringling in Europa war, gegen den die Verteidigung des Abendlandes organisiert werden musste, sondern auch eine Inspirationsquelle für Kunst und Aufklärung, kann eine Gesprächsgrundlage mit Muslimen finden und sich für die Wertegemeinschaft der Moderne einsetzen. Es ist positiv zu bewerten, dass immer mehr Muslime die Gefahr erkennen, die von pervertierten Interpretationen ihres Glaubens ausgeht. Schließlich sind die allermeisten unter ihnen keine Verschwörer, sondern Leidtragende dieser fehlgeleiteten Entwicklung.

Kein Staatsschutz vor dem Islam

Noch wird sie zumeist in unseriösen Traktaten formuliert, die Angst vor der Islamisierung Europas. Aber sie bestimmt auch zunehmend die nicht offen ausgesprochene, tief in den Köpfen sitzende, diffuse Gedankenwelt vieler Europäer. In Deutschland spricht man höflich von "Integrationsproblemen", gemeint ist jedoch die angeblich unverdaubare Andersartigkeit der türkischen Zuwanderer. Festgemacht wird diese Andersartigkeit an der islamischen Religionszugehörigkeit.

Und tatsächlich gibt es ein Problem. Es ist kein Problem zwischen Deutschen und Türken, obwohl dies oft so formuliert wird, sondern eins, das seit fast einem Jahrhundert die türkische Gesellschaft tief spaltet und dessen Überwindung heute immer noch nicht leicht zu sein scheint. Viele Deutsche glauben, dass die muslimischen Türken in Deutschland eine Anpassungsleistung an die aufgeklärte und säkulare Gesellschaft erbringen müssen. Doch diese Anpassung wird ihnen auch in ihrem Herkunftsland Türkei abverlangt, sogar noch eindeutiger als hierzulande üblich. Während sich deutsche Gerichte mit der Frage beschäftigen, ob Lehrerinnen in der Schule ein Kopftuch tragen dürfen, ist in der Türkei diese Form der Verhüllung selbst für Studentinnen an den Universitäten tabu. Eine friedliche Gesellschaft, die ihre Konflikte mit zivilen Mitteln regelt, entsteht mit derartigen Restriktionen nicht.

Für die deutsche Gesellschaft wäre es durchaus hilfreich, vom hohen Ross des selbstgerechten Aufklärers abzusteigen und sich den Kulturkampf in der Türkei einmal näher anzuschauen. Damit verliert man zwar die Position des Überlegenen gegenüber einer Kultur "niederen" Ranges, gewinnt aber durchaus Einsichten darüber, inwieweit Muslime anpassungsfähig sind. Gleichzeitig vermeidet man einen unsinnigen ethnischen Konflikt zwischen

Deutschen und Türken und kann die Lager genauer benennen. Und vielleicht auch Wege finden, eine sich gefährlich zuspitzende Konfrontation zu vermeiden. Die deutsche Gesellschaft muss sich nicht gegen die Türken aufstellen, wohl aber gegen die Islamisten, gegen jene, die aus ihrer Religion heraus eine totalitäre politische Ideologie formulieren.

Wer aber sind diese Islamisten? Zählen der gegenwärtig regierende türkische Ministerpräsident Tayyip Erdoğan und seine Partei AKP dazu? Gerade er und seine Partei waren vor vier Jahren mit einem hohen Anspruch angetreten. Sie wollten der Welt beweisen, dass muslimische Werte und Demokratie vereinbar sind. In Zeiten, in denen der Islam immer stärker zu einem Sammelbecken gewaltbereiter Modernisierungsverlierer geworden war, galt der junge türkische Politiker als Hoffnungsträger.

Zunächst schien sich diese Hoffnung auch zu bestätigen. Erdoğan führte sein Land an die EU heran, verfolgte einen kompromisslosen Reformkurs, der die demokratischen Standards in der Türkei erhöhte und mehr Freiheiten als je zuvor zuließ. Doch es verstummten auch nie die Stimmen der Warner, die behaupteten, mit dem Reformkurs verfolge die in Wahrheit islamistische Regierung nur das Ziel, die laizistischen Strukturen der Türkei zu beschädigen und ihren mächtigen Wächter, die Militärs zu schwächen. Je mehr sich der Staatsapparat gegen seine Demontage wehrte, umso aggressiver und unkontrollierter reagierten die muslimischen Politiker. Die Kluft zwischen dem islamischen Lager und den säkularen Teilen der Bevölkerung wurde immer größer. Inzwischen gibt es heftigen Streit um Fragen des Lebensstils und der kulturellen Orientierung, der an deutsche Integrationsdebatten erinnert. Es geht um Alkoholausschank, um Moscheebauten, um die Rolle und Rechte von Frauen in der Gesellschaft. Und wie der jüngste mörderische Anschlag auf die Richter im zweithöchsten Gericht des Landes zeigt, eskaliert jetzt auch die Gewalt. Das Gericht hatte sich eindeutig für das Kopftuchverbot an türkischen Schulen ausgesprochen und war seitdem Zielscheibe islamistischer Hetzblätter, aber auch der Regierung. Haben hier wieder einmal Islam und Gewalt zusammengefunden oder ist der türkische Staat mit seinen nach wie vor bestehenden geheimen Strukturen aktiv geworden, um den Reformprozess in der Türkei zu torpedieren? Selbst wenn Letzteres zuträfe, müssten sich die Muslime endlich der Frage stellen, warum sich ihre Religion inzwischen mit Szenen der Gewalt so eng verknüpfen lässt.

Die strenge Trennung zwischen Staat und Religion, zwischen dem öffentlichen Raum und der Privatsphäre, die Verbannung der Religion ins Private hat in der Türkei keine wirklich aufgeklärte, sondern eher eine schizophrene Gesellschaft geschaffen. Es gibt keinen wirksamen Schutz des Staates vor dem Islam. Kann der Muslim behaupten, der Koran sei nicht Richtschnur in seinem Leben? Ein türkischer Politiker jedenfalls darf sich nicht offen zum Koran bekennen, ohne als Bedrohung der säkularen Ordnung der Türkei angesehen zu werden. Doch sind türkische Politiker deshalb nicht Muslime? Diese Fragen verdeutlichen, wie kurz gegriffen und oberflächlich die Lieblingsthese des türkischen Ministerpräsidenten Erdoğan ist: Islam und Demokratie, Islam und Moderne seien ohne weiteres vereinbar.

Es wäre wirklich ein Wunder, wenn der Islam, der eine Lebensordnung auf der arabischen Halbinsel des 7. Jahrhunderts begründete, so ohne weiteres mit den Gesellschaften des 21. Jahrhunderts zu vereinbaren wäre. Doch dieses Wunder hat auszubleiben, und die vorschnelle, versöhnliche These der Vereinbarkeit bedient somit nichts anderes als die Denkfaulheit der Muslime. Statt sich intensiv Gedanken über die gelebte Religion und die daraus resultierenden Konflikte mit der Moderne zu machen, flüchten sich viele in Abstraktionen, wie: der Islam achtet die Rechte der Frauen, der Islam ist gerecht und so weiter. Sie unterschätzen die Macht der Widersprüche, in die sie sich im Alltag verstricken. Das ist verständlich, wenn man bedenkt, dass der Koran als unmittelbares Wort Gottes angesehen wird. Eine historisch-kritische Durchforstung der sakralen Quellen des Islam gilt in den Augen der meisten Muslime nach wie vor als Blasphemie. In Europa war aber genau diese historisch-kritische Aufarbeitung der Religion das Fundament der Aufklärung und der gesellschaftlichen Entwicklung. Auch die islamische Religion müsste endlich so reformiert werden, dass ihr Geist in den Mantel unserer Zeit passt.

Heute aber werden sogar die rationalen Denkschulen aus der eigenen Geistesgeschichte verteufelt oder zumindest ignoriert. Eine Allianz korrupter politischer Machthaber und träger Religionsinterpreten bedient sich der oftmals regionalen, oft provinziellen, bäuerlichen Traditionen und schnürt so eine Ideologie der Erstarrung zusammen, deren Aufschnürung vor allem die Aufgabe einer selbstkritischen Reformtheologie sein müsste.

Die gibt es durchaus, zum Beispiel an der Theologischen Fakultät in Ankara. Dass ihre Arbeiten aber nur von einem kleinen Kreis der Eingeweihten wahrgenommen werden, macht nachdenklich. Dabei brauchen gerade die Muslime in Europa neue Denkanstöße – eben nicht nur aus ihrer islamskeptischen Umgebung, sondern auch aus den eigenen Reihen, wenn das Zusammenleben mit Nichtmuslimen gelingen soll.

Ehre oder Würde?
Zwei Werte im Clinch

Der Überfall auf einen dunkelhäutigen Deutschen in Potsdam und der Ehrenmord an einer Berliner Türkin, was haben sie gemeinsam? Exemplarisch steht der Mord an Hatun Sürücü für den Konflikt zweier Werte, den Konflikt zwischen zwei unterschiedlichen Gesellschaftsvorstellungen. Ehre und Würde, die archaische Interpretation einer Gesetzesreligion und die säkularisierte, aufgeklärte Gesellschaft scheinen in diesem Fall unvereinbar.

Offensichtlich die Würdelosigkeit eines Ehrbegriffs, der Menschenleben nicht achtet, das individuelle Recht auf Selbstbestimmung nicht anerkennt.

Würdelos die Tat selbst, der Mord an der Schwester, begangen vom eigenen Bruder, die Selbstjustiz, die kaltblütige Hinrichtung.
Würdelos ist aber auch die Reaktion der restlichen Familie, die offensichtlich die Tat billigt, die nach dem Freispruch für die älteren Brüder jubelt. Der jüngste soll es allein getan haben; länger als neun Jahre muss er jetzt dafür hinter Gitter, scheinbar wird auch das bejubelt. In der Türkei hätte es für diese Tat gut und gerne zwanzig Jahre gegeben.

Ist auch das Gesetz des Rechtsstaates würdelos? Das Gesetz, welches das Leben einer jungen Frau und das Schicksal ihres Kindes, das nun ohne Mutter aufwachsen muss, so billig macht. Doch gibt es nicht auch so etwas wie die unantastbare Würde des Täters? Nicht zufällig gibt es ein Jugendstrafrecht, wurde die Todesstrafe, auch für die abscheulichste Tat abgeschafft.

Die archaischen Clanstrukturen aus anatolischen Dörfern in deutsche Großstädte zu verpflanzen schien eine ökonomische Notwendigkeit zu Zeiten des wirtschaftlichen Booms. Jetzt wird das offenbar zu einer plötzlich für jedermann spürbaren Last, nicht nur ökonomisch, wegen fehlender

Arbeitsplätze.

Wie integriert man diese Menschen, die nichts davon verstanden haben, wie eine freie, offene Gesellschaft funktioniert, die von Frauenrechten keine Ahnung haben, die Gleichstellung der Geschlechter nicht akzeptieren wollen? Sie haben ihre eigenen Gesetze. Die Familienehre, die über allem steht, auch über der Würde des Menschen, die nach deutschem Grundgesetz unantastbar ist. Die Ehre, das heißt die Obhut des Mannes über den weiblichen Körper, verliert man schnell unter den "Ungläubigen", in ihrer sexuell entfesselten Welt. Wenn es der Mann ist, der sich verführen lässt von dieser Welt der Sünde und der körperlichen Freizügigkeit, dann ist das sein privates Problem. Wenn aber die Frau sich derartiges Recht herausnimmt, geht es jeden an, den Vater, den Onkel, die Brüder, die Nachbarn. Die modische Brille, die der älteste Bruder trägt, die guten Deutschkenntnisse und die Ausbildung machen aus den Gefangenen archaischer Clanstrukturen noch lange keine Bürger eines demokratischen Gemeinwesens. Im eigenen Kopf sitzt man lebenslänglich.

Sicher lastete auf dem Vater und der ganzen Familie der Blick der anderen.

"Hattet ihr eure Tochter nicht im Griff?"

"Wie konnte so etwas passieren, in einer derart frommen Familie?"

"Welche Schande, welches Unglück!"

"Was ist denn passiert, dass ihr töten müsst?", fragen sich die unbeteiligten, außenstehenden Einheimischen, aber auch diejenigen Zuwanderer, die sich hier in Deutschland eingelebt haben. Wie kann so etwas in unserem Land passieren?

Doch in unserem Land passieren eben auch andere Dinge. Da wird beispielsweise ein Mann fast zu Tode geprügelt, weil er eine dunkle Hautfarbe hat. Ist ein "Deutsch-Afrikaner", wie das Opfer dann in der Presse genannt wird, mehr als ein Deutscher, oder weniger? Wie wird man mit dunkler Hautfarbe überhaupt Deutscher? Eine Gesellschaft, die sich schwer tut, die unterschiedliche Herkunft ihrer Angehörigen als Selbstverständlichkeit zu begreifen, wird kaum in der Lage sein, anderen den Begriff der Würde näher zu bringen. Deuten die fast alltäglichen, rassistischen Überfälle nicht vielmehr auf ein Problem hin, das unter der Oberfläche des zivilisierten Zusammenlebens sein Unwesen treibt?

Nicht wenige Muslime in Deutschland leben hier, weil sie dachten, sie könnten ihr Leben in diesem freien Land nach den eigenen, als einzig richtigen, weil als gottgegeben, empfundenen Regeln gestalten. In der Türkei ist das nicht so leicht. Denn dort herrscht seit achtzig Jahren Kulturkampf, zwischen Ehre und Würde, dort ist die Religion seit Atatürk aus dem öffentlichen Leben verdrängt. Und der Streit darüber, was die Religion vorschreibt und was nicht, ist in vollem Gange. Wie viel von der religiösen Tradition hat noch Bestand in einer modernen Gesellschaft? In der Türkei hat der Streit um Lebensstile nicht nur eine philosophische, sondern auch eine politische, soziale Dimension. Das Kopftuch wird nicht als religiöse Pflichterfüllung gedeutet, sondern als Manifestation einer islamistischen, politischen Haltung. Doch dürfen Gerichte in einer säkularen Gesellschaft Urteile über religiöse Fragen fällen? Mit einem Kopftuch dürfen Frauen in der Türkei nicht einmal studieren. Und die Tochter "vom Turnunterricht befreien" lassen, geht auch nicht. Die strengen Gesetze des säkularen Staates und das wachende Auge der Militärs deuten auch darauf hin, dass der innertürkische Kulturkampf noch gar nicht entschieden ist. Der deutsche Rechtsstaat und die deutsche Gesellschaft aber glaubten, diesen Kampf, der vor noch gar nicht langer Zeit auch hier unter anderen kulturellen Vorzeichen tobte, gewonnen zu haben. Doch jetzt trifft sie die Situation unvorbereitet.

Wie viel Atatürk, sprich strenge Trennung von Staat und Kirche, braucht die Bundesrepublik? Wie viel christliche Wurzeln? Auch der liberale Rechtsstaat, der weitgehend ohne Ideologie auskommt, muss seine Bürger auf die Einhaltung von Gesetzen verpflichten, die für alle verbindlich sind. Was also tun?

Begriffe wie "Ehre", die für uns zu antiquierten Fremdwörtern geworden sind, müssen wir wieder dort abholen, wo sie im Denken und in der

Vorstellungskraft jener Menschen, die auf uns so fremd wirken, auch heute noch eine verbindliche Gültigkeit besitzen. Es genügt nicht, sie in Büchern nachzuschlagen, sie aus der Ideengeschichte abzuleiten. Wenn der Mensch Besitz von einem Begriff ergriffen hat, projiziert er seine ganzen Ängste, Sehnsüchte, seine Erziehung und den von ihr hervorgerufenen Kodex in diesen Begriff hinein. Diese Projektion macht seine Persönlichkeit aus.

Im Falle eines jungen Mannes, der die Waffe auf seine Schwester richtet, weil sie angeblich die "Ehre" der Familie verletzt hat, deutet diese Tat vor allem auf die Unterwerfung unter eine Sexualmoral hin, die der Frau vorschreibt, wie sie ein rechtgeleitetes, sauberes Leben zu führen hat. Verlässt die Frau diesen, ihr vorgeschriebenen Weg, haftet sie nicht mehr allein für ihre selbstgewählte Freiheit. Denn die Männer, denen sie "gehört", verfügen über ihren Körper. Sie entscheiden auch über Leben und Tod.

Und genau dieses Denken ist mit den Grundsätzen einer modernen, demokratischen Gesellschaft nicht vereinbar. Zwischen einem Ehrenmord und einem Mord aus rassistischen Motiven gibt es Parallelen, die aufrütteln müssten. In beiden Fällen wird die Tat aus Beweggründen begangen, denen auch und gerade in einer freien Gesellschaft mit absoluter Nulltoleranz begegnet werden muss.

Sollten wir also das Jugendstrafgesetz abschaffen, die Todesstrafe wieder einführen? Nein. Die Nulltoleranz ist nicht nur eine juristische und polizeiliche Angelegenheit. Es darf hier nicht nur mit den Muskeln des Gesetzes gespielt werden. Die Situation erfordert auch eine gesellschaftliche und kulturelle Anstrengung. Was die Imame von der Kanzel predigen, und was die Schule jungen Menschen an Werten beizubringen versucht, dies alles muss in Einklang miteinander gebracht werden. Ob das gelingt, hängt im Deutschland des Jahres 2006 nicht mehr allein von den christlichen Kirchen ab, sondern auch von den Muslimen, ob sie es schaffen die eigene Tradition im kritischen Gegenlicht der Aufklärung zu betrachten. In modernen Gesellschaften mit ihrer rechtlich gesicherten Glaubensvielfalt können Werte nicht allein religiös definiert werden, schon gar nicht aus der Perspektive einer bestimmten Religion.

Es gibt in Deutschland inzwischen viele Parallelgesellschaften, nicht nur die der Zugewanderten. Der Kulturkampf tobt eben nicht zwischen ethnisch definierten Identitäten, nicht zwischen den zur besseren Übersicht eingekreisten Kulturen, sondern innerhalb der durch unterschiedliche individuelle Wahrnehmungen zersplitterten Kulturen selbst. Wer für eine demokratische, freie Gesellschaft eintritt, muss einen freiheitlichen Patriotismus entwickeln. Ausgegrenzt werden dann nicht ethnische Gruppen, sondern totalitäre Denkstrukturen.

Zugehörigkeit wird in Deutschland nach wie vor zu stark ethnisch definiert. Es gibt aber nicht nur türkische oder kurdische Gewalttäter, sondern auch eine verwahrloste ethnisch deutsche Jugend, die voller Ressentiments ist gegenüber allem, was für sie fremd erscheint. Und schlimmer noch, es gibt eine Gesellschaft, die den Balken im eigenen Auge nicht wahrnimmt. Eine Gesellschaft, kann aber nur dann integrieren, wenn sie offen ist, wenn sie sich um gemeinsame Werte kümmert und nicht um die Herkunft. Eine Aufgabe, die endlich die Bildungs- und Kulturinstitutionen auf den Plan rufen muss.

Warnung vor heiligen Stätten

Der Krieg in den Köpfen

Es mag zynisch klingen, aber der jüngste Krieg in Israel und Libanon ist nur ein Nebenschauplatz. Auch Irak und Afghanistan sind Nebenschauplätze. Der Krieg findet längst global statt, ein unbenannter "Dritter Weltkrieg" sozusagen. Die meisten seiner Protagonisten haben (noch) keine Waffen in der Hand. Sie bedienen sich der Worte und Bilder.

Jeder Krieg ist zuerst ein Krieg in den Köpfen. Ein Feind wird ausgemacht. Das Gefühl der Bedrohung kultiviert, Fronten werden geschaffen, Alliierte gesucht. Doch in diesem Krieg verlaufen die Fronten quer durch die Lager. Die verfeindeten Parteien liefern einander Munition. Der iranische Präsident leugnet den Holocaust. Die USA treten im Irak ihre eigenen Werte mit Füßen, legen sich mit Verbündeten wie der Türkei an. Israel weitet seinen berechtigten Kampf gegen die selbsternannten Gotteskrieger der Hisbollah auf ganz Libanon aus und schneidet dem zarten Pflänzchen der libanesischen Demokratie die Lebensadern durch.

Grob gesehen findet der "Dritte Weltkrieg" zwischen politisch radikalisierten Muslimen, die sich dem Terror und der Gewalt verschrieben haben, und den westlichen Demokratien statt. Doch nicht die frei vom Volk gewählte Regierung in den palästinensischen Autonomiegebieten ist auf der Seite des Westens, sondern die tyrannischen Regimes in der Region. Demokratie ist keine Verheißung mehr, sondern eine Schreckensformel, ein Vehikel, das die Radikalen an die Macht bringt.

Sicherlich ließe sich diese verfahrene Situation historisch erklären. Schuldige und weniger Schuldige ließen sich benennen. Doch was bringt eine solche Erkenntnis, außer Rechthaberei und eine Verhärtung der Fronten? Wissen die Amerikaner etwa nicht, was sie angerichtet haben, als sie in den fünfziger Jahren des vergangenen Jahrhunderts den gemäßigten iranischen Politiker Musaddeq entmachtet haben? Sie handeln nicht gerade so, als wüssten sie es.

Wer hat Jitzchak Rabin getötet? Ein muslimischer Terrorist aus dem Libanon? Es ist eine bekannte Taktik der Extremisten, immer mit dem Finger auf die Extremisten der anderen Seite zu zeigen. Das Ergebnis einer solchen Taktik ist immer Krieg. Die Frage, warum die Extremisten Zulauf haben, warum sie Oberhand gewinnen, lässt sich auf diese Weise sicher nicht beantworten.

Ohne Zweifel: Israel ist in Gefahr, gerade weil es inzwischen um mehr geht, als "nur" um seine Existenz. Angesichts der bestehenden Kräfteverhältnisse geht es heute nicht so sehr um eine militärische Niederlage des jüdischen Staates, wohl aber um die prinzipielle Ablehnung seiner Existenz. Diese fatale Idee findet immer mehr Anhänger und destabilisiert auch die despotischen arabischen Regimes ringsherum. Was aber träte an deren Stelle? Wahrscheinlich eine noch schrecklichere Herrschaft unter dem Deckmantel des Islam. Einen Vorgeschmack darauf hat die Talibanherrschaft in Afghanistan geliefert. Die schiitische Variante des Extremismus ist weitaus besser aufgestellt, gut ausgestattet mit Ölmilliarden und dem Unterdrükkungsapparat eines gut organisierten Staates. Das ist nicht nur ein Alptraum für den Westen, der seine Interessen in der Region bedroht sieht. Das ist ein Alptraum für alle Menschen, die in Freiheit leben wollen.

Wie aber lässt sich nun dieser muslimische Extremismus eindämmen? Durch noch mehr Bomben? Durch Dialog? Weder Bomben noch Dialog taugen viel. Bomben treiben – abgesehen von der humanitären Katastrophe, die sie auslösen – den Extremisten immer mehr Anhänger in die Arme. Die Milizen der Hisbollah lassen sich vielleicht entwaffnen. Wie aber entwaffnet man die aufgerüsteten Köpfe von Millionen von Menschen? Der Dialog andererseits ist nichts anderes als eine Illusion, solange er nur zwischen ausgesuchten Persönlichkeiten in gut klimatisierten, abgesperrten Konferenzsälen stattfindet.

Wie aber wäre es, wenn man ein selbstkritisches Gespräch mit sich selbst zulassen würde, einen inneren Dialog, eine Debatte innerhalb des eigenen Lagers? Wenn man beispielsweise die amerikanische Administration zur Rechenschaft ziehen würde, für die von ihr begangenen Verbrechen im Irak? Würde eine solche Vorgehensweise die westlichen Werte, die es zu verteidigen gilt, stärken oder schwächen? Wie wäre es, wenn der iranische Präsident für seine unerträgliche Leugnung des Holocaust von der muslimischen Geistlichkeit denselben Widerspruch erfahren würde wie vom Westen? Erst dann, in einer solchen Atmosphäre weltanschaulicher Seriosität, könnte es wirklich einen Dialog geben, einen Austausch der Ideen und der Werte. Erst dann wäre jenes vom türkischen Ministerpräsidenten Erdoğan so oft bemühte und ebenso sehr verbrauchte Bild von der Brücke zwischen den Zivilisationen begehbar. Da dies alles äußerst naiv klingt, wird es weder einen Dialog noch eine Brücke geben, sondern die Barbarei des Krieges und die Logik der Zerstörung.

Dieser Krieg tangiert auch Deutschland in spezifischer Weise, und das nicht nur aufgrund der deutschen Vergangenheit und der aus ihr wachsenden Verantwortung. Deutschland ist auch Heimat von Juden und Muslimen. Die Muslime in Deutschland hätten viel von den Juden und ihrem Weg in einen aufgeklärten, modernen Spiritualismus zu lernen. Dass sich deutsche Juden in besonderem Maße mit Israel solidarisieren ist selbstverständlich. Menschen die aus arabischen Ländern stammen, verhalten sich nicht anderes. Die deutsche Mehrheitsgesellschaft aber muss erst lernen damit unbefangener umzugehen.

Auf die Türken kommt eine besondere Verantwortung zu. Sie stecken dabei in der Zwickmühle. Die Zunahme des Antisemitismus in der Türkei ist besorgniserregend. Die traditionell guten Beziehungen zwischen Juden und den Türken, die man dennoch nicht allzu sehr idealisieren sollte, werden heute in besonderem Maße herausgefordert. Das hat nicht nur mit der israelischen Politik zu tun, sondern mit dem Verhältnis zum Westen allgemein. Den Irak vor Augen empfinden immer mehr Türken die amerikanische Nahostpolitik als Bedrohung. Auch Europas Doppelzüngigkeit gegenüber der Türkei hat ihre Wirkung nicht verfehlt. Nationalistische und islamistische Kreise nutzen die gegenwärtige Vertrauenskrise, um Stimmung zu machen. Liberal gesinnte Demokraten dagegen fühlen sich im Stich gelassen. Wenn westliche Demokratien die eigenen Werte verraten, opfern sie auch die Glaubwürdigkeit ihrer Verbündeten in autoritären Staaten. Die Zuspitzung der angespannten Lage in der Türkei ist nur ein weiterer Baustein im angestrebten Kampf der Kulturen. In letzter Zeit arbeitet auch noch die türkische Regierung, einst mit dem hehren Anspruch angetreten, Islam und Demokratie versöhnen zu wollen, kräftig an der eigenen Schwächung, in dem sie sich immer wieder vor dem Karren nationalistischer Demagogen spannen lässt. Die muslimische Türkei als säkulare Demokratie aufzubauen, hätte der erste Schritte auf dem Weg einer Neuordnung im Nahen Osten sein müssen.

Doch die Kriegsparteien handeln eben so, wie sie handeln müssen. Krieger bauen nicht auf, sie zerstören.

Vom Teilen

Es ist die Stunde Martin Bubers, doch keiner erwähnt ihn. Kaum einer, der sich berufen fühlt, öffentlich Stellung zu nehmen zum Krieg im Nahen Osten, Israel zu verteidigen oder zu verurteilen, scheint seine Schriften gelesen zu haben. Schon gar nicht jene Politiker, die sich an großen Konferenztischen versammeln, um den Konflikt zu entschärfen, letztendlich aber nichts anderes tun, als Öl ins Feuer zu gießen. Das dürfte kein Zufall sein. Denn wie kein anderer neuzeitlicher Denker provoziert Buber mit seinen Ideen all jene, die die Sphären von Moral und Politik trennen wollen.

Martin Buber war deutsch-jüdischer Philosoph und Zionist, den die Nazis 1938 nach Jerusalem vertrieben hatten. Als Zionist war er der schärfste Kritiker jenes Zionismus', wie er von den Gründern des Staates Israel verwirklicht wurde. Er stand von Anfang an im Widerspruch zu jenen, die sich dem Kalkül einer Machtpolitik verschrieben hatten, die Versöhnung und Ausgleich, Verständigung und Frieden wenn nicht ausschloss, so doch erheblich erschwerte.

Die Einsamkeit Bubers unter den Zionisten war umso größer, als ein arabisches Pendant fehlte, ein geistiger Anführer von Format, der sein Gesprächspartner auf der anderen Seite hätte sein können. Wer sich heute einmal die Mühe macht, die Schriften, die Reden und die Briefe Bubers, die er von 1918 bis zu seinem Tod 1965 zum jüdisch-arabischen Konflikt in Palästina verfasste, zu lesen, wer sich sein politisches Programm und seine Vorschläge für die Lösung des Konflikts vergegenwärtigt, findet nicht nur einen wichtigen Schlüssel zum Verständnis des heutigen Nahostkonflikts, er wird auch auf einen kritischen Umgang mit politischer Vernunft aufmerksam gemacht, der angesichts des moralischen Verfalls im politischen Denken der Machthaber in Ost und West geradezu alarmierenden Charakter aufweist.

Die Gründung des Staates Israel 1948 und die erfolgreiche Abwehr arabischer Aggression gegen den jungen Staat wurde oftmals als Niederlage des politischen Denkens von Buber interpretiert. Hatten nicht die Machtpolitiker recht behalten, die auf eine Strategie der Konfrontation und Stärke setzten? Nein, sie hatten nicht Recht. Im Gegenteil: Sie schwächten und schwächen sich von Sieg zu Sieg mehr.

1950 schreibt Martin Buber: "Einst wird uns wohl der Triumphweg, auf den unser Volk so stolz ist, als grausamer Umweg erscheinen." Wird heute dieser Umweg nicht einfach nur fortgesetzt?

Bubers Weisheit speist sich aus vielen Quellen. Das jüdische Erbe und die deutsche Aufklärung, die Mystik und das Gesetz kommunizieren unentwegt miteinander, fordern einander heraus, inspirieren sich gegenseitig. Der jüdische Humanismus erweist sich dabei als ein Grundpfeiler der Moderne, an den heute von vielen die Axt der Ignoranz angelegt wird. Doch wenn der Pfeiler stürzt, begräbt er nicht nur die Feinde der Aufklärung unter sich, sondern auch diejenigen, die er trägt.

Wer ungerufen in ein Land kommt, in dem schon andere leben, hat nur zwei Möglichkeiten. Er vertreibt die anderen und lässt sich an deren Stelle nieder; die Folge sind Rüstung und Krieg. Oder aber er versucht, mit den anderen zu teilen, sucht das Gespräch, den Ausgleich. Teilen heißt in letzter Konsequenz auch Teil werden. Einwandern in diesem Sinne bedeutet: das Hemd des Fremden ablegen.

Wenn heute von einem Friedensprozess im Nahen Osten gesprochen wird, herrscht allein die Logik der ersten Variante. Es ist die Logik des Konflikts, der Unvereinbarkeit der Gegensätze. Frieden wird verstanden als ein Weg, um das Unrecht zu legitimieren. Da sich aber Unrecht nicht auf Dauer legitimieren lässt, wird es nie zu einem Frieden kommen. Eine Politik, die allein auf Macht setzt, versucht, Frieden zu diktieren. Doch das Diktat endet in noch mehr Leid und Verwüstung. Israel hat sich dabei in eine ausweglose Sackgasse begeben, gerade weil sich die politisch Verantwortlichen des Landes, aber auch die geistige Intelligenz, vom Denken Bubers verabschiedet zu haben scheinen.

In den USA läuft seit geraumer Zeit eine Diskussion darüber, ob sich die amerikanische Politik zu sehr vor den Karren israelischer Interessen hat spannen lassen. Aber verhält es sich nicht genau anders herum? Der Schwanz wedelt nämlich nicht mit dem Hund. Israel wird zunehmend zum Opfer einer verfehlten, moralisch und strategisch unhaltbaren amerikanischen Machtpolitik im Nahen Osten. Israel ist zum Gefangenen amerikanischer Interessen in der Region geworden, die mittlerweile sogar seine Existenz bedrohen.

Martin Buber aber hatte etwas ganz anderes im Sinn: die zivilisatorische Wiedergeburt des Vorderen Orients, als jüdisch-arabisches Projekt. Wie sehr muss man es heute in Erinnerung rufen, angesichts der doppelbödigen amerikanischen Politik in der Region. Und wie wichtig wären seine Ideen gerade für die arabische Seite! Denn Denker wie Martin Buber sind auch Vorbilder für etwas, was auf muslimischer Seite erst noch geschaffen werden muss: Die Überführung der eigenen Tradition in die Gegenwart, das Fortdenken religiöser Traditionen im Lichte der Aufklärung, welches das Erbe der Offenbarung erst verständlich macht. Mit Petrodollars kann man moderne Waffensysteme kaufen. Hochtechnologie und Raketen aber ersetzen nicht die Mühen einer Modernisierung des Geistes, die nicht importiert werden kann, sondern aus eigenem Anbau stammen und in einer offenen und kritischen Auseinandersetzung mit anderen Kulturen entwickelt werden muss. Der Dialog mit dem anderen setzt auch immer ein kritisches Selbstgespräch voraus.

Noch heute, mehr als vierzig Jahre nach seinem Tod, hätte Buber kaum gleichwertige Gesprächspartner auf arabischer Seite. Wer sich allzu schnell dazu verleiten lässt, israelisches Vorgehen im Nahen Osten einseitig zu verurteilen, sollte auch diese bittere Tatsache bedenken. *

* Lesehinweis: Martin Buber: Ein Land und zwei Völker. Zur jüdisch-arabischen Frage. Jüdischer Verlag, Frankfurt am Main 1993.

Die beschädigte islamische Psyche
Eine psychologische Analyse des Nahostkonflikts

Auf den ersten Blick scheint der Konflikt zwischen Israelis und Palästinensern eine Auseinandersetzung zwischen zwei Völkern zu sein, die um das selbe mythisch beladene, räumlich enge Territorium streiten. Bei genauerem Hinsehen erschließt sich dem Beobachter ein tiefer gehender Hintergrund, der von einer verhängnisvollen Instrumentalisierung des Konflikts bedient wird. Es geht längst nicht mehr nur um Land und um das Existenzrecht der beiden Völker. Es handelt sich um eine symbolische Auseinandersetzung, bei der es vor allem um die verletzte islamische Psyche geht.

Seit seiner Gründung lieferte der Staat Israel der arabischen Elite Argumente für die Begründung der eigenen Misere. Diktatoren stützten ihre Macht auf antiisraelische Emotionen. Seit der Kolonisierung islamischer Territorien gab es auf der Seite der westlichen Kolonialherren kein Umdenken in der hierarchisch motivierten Begegnung mit den Unterworfenen. Israel ist in die Fußstapfen der Kolonialmächte getreten und hat es bis heute versäumt, diese schwierige Position innerhalb der arabischen Welt kritisch zu hinterfragen. Die Araber sind nun einmal keine "Untermenschen", sondern ein semitisches Volk, das zumindest die gleichen Rechte beanspruchen darf wie die Juden, nämlich das Recht auf Frieden und Selbstbestimmung. Dass diese Rechte den Menschen in der arabischen Welt von den eigenen geistigen und politischen Führern bis heute verwehrt werden ist eine Tatsache. Deren Leugnung ist die größte Lebenslüge der Muslime.

Bestimmten Kreisen passt der Nahostkonflikt sogar sehr gut ins Konzept. Denn dieser Kampf lenkt von den eigentlichen Problemen ab. Davon nämlich, dass die Globalisierung die Armen der Welt noch ärmer und die Reichen noch reicher gemacht hat. Und auch davon, dass die islamische Kultur fast nirgendwo zeitgemäße Antworten auf brennende Fragen, die die Menschheit bewegen, geben kann. Statt einer religiös und philosophisch durchdachten, ethisch und moralisch inspirierenden Kritik der eigenen Geschichte und der gesellschaftlichen Verhältnisse in den muslimischen Ländern produziert eine verwahrloste muslimische Kultur immer brutalere Reaktionen auf die erlittenen Demütigungen. Das scheint billig zu sein, denn es kostet keine geistige Anstrengung. Die Folgen aber sind katastrophal.

Eine ganze Generation wächst mit Hass und Minderwertigkeitskomplexen auf, ignorant was die eigene Kultur angeht und voller Verachtung gegenüber dem Anderen. Eine solche Generation kann nur Lakaien produzieren, Lakaien für Diktatoren und Demagogen wie Saddam Hussein oder Osama Bin Laden.

Heute erscheint die islamische Kultur als ein Hort der Gewalt. Dass Religionen Gewalt motivieren können, ist nichts neues. Aber sie können auch etwas ganz anderes. Und gerade dieser Gegenentwurf war in der Gründungsphase des Islam sein Erfolgsrezept.

Was den Propheten Mohammed als Staatsmann nämlich auszeichnete, war die Fähigkeit, zwischen unterschiedlichen Interessen und Standpunkten zu vermitteln, mit Geduld und einem hohen Anspruch auf Gerechtigkeit. Aus diesem Grund hatte man ihn nach Medina geholt. Er sollte zwischen den zerstrittenen Stämmen vermitteln, was er auch mit Erfolg getan hat. Medina wurde zu einem Mikrokosmos des Zusammenlebens unterschiedlicher Gruppierungen. Die arabischen Reiche in der Frühzeit des Islam haben diesen Ansatz kopiert und auf immer größere Räume angewandt. Die Folge war eine zivilisatorische Blütezeit, in der die Künste und Wissenschaften aufleben konnten.

Die islamische Kultur müsste heute einen bedeutenden Beitrag zum Zusammenleben unterschiedlicher ethnischer und religiöser Gruppen leisten. Doch es gibt nicht einmal eine theoretische Beschäftigung mit den Herausforderungen der Globalisierung und der multikulturellen Gesellschaft. Immer stärker hat sich eine Geisteshaltung durchgesetzt, die dem Islam eben auch innewohnt: Die Aufteilung der Welt in zwei Räume, die einander feindlich gegenüberstehen. Auf der einen Seite die Welt des Islam, eine Welt die für Frieden und Gerechtigkeit steht, auf der anderen, die Welt der Ungläubigen, die des Krieges und der Verwüstung. Dass die Welt der Ungläubigen nun seit einigen Jahrhunderten in fast allen Belangen der islamischen überlegen ist, führt zu einer lebenslang durchlittenen Schizophrenie unter den Muslimen. Statt die Ursachen für die Schwächeperiode der eigenen Kultur auch bei sich selbst zu suchen, projiziert man jegliche Schuld auf die Anderen, auf die Kolonialmächte, auf die Vereinigten Staaten von Amerika oder auch auf Israel.

Die Erfahrung der Kolonisierung war schlimm, und die Amerikaner haben nur ihre eigenen kurzfristigen Interessen vor Augen. Wer will das alles bestreiten? Noch schlimmer aber ist der Verrat an den eigenen Möglichkeiten, eine zivile und humane Gesellschaft aufzubauen. Die Konfrontation kann nur dann überwunden werden, wenn auf beiden Seiten die Antennen für Selbstkritik wieder Signale aussenden. Zur Zeit bleiben sie ausgeschaltet. Der Feind sitzt nun einmal auf der anderen Seite. Dass er nur ein Abbild der eigenen auf Selbstzerstörung programmierten Kräfte sein könnte, erscheint undenkbar.

Ayatollah Chomeinis Amerikabild und George W. Bushs Bild von den "Schurkenstaaten" sind die zwei gleichen Seiten einer Medaille. Der Teufel trägt immer die Gesichtszüge des Anderen. Statt die eigenen Versäumnisse offen zu benennen und somit einen begehbaren Grund für die gegenseitige Annäherung zu suchen, wird eine konfrontative Kriegsstrategie gewählt. Die Dämonisierung des Gegners soll eine rationale Analyse von Konfliktsituationen erst gar nicht ermöglichen. Diese Strategie kommt all jenen Kräften entgegen, die eine Schwarz-Weiß-Sicht der Dinge etablieren müssen, um ihre eigenen ideologischen Positionen zu festigen.

Seit dem Beginn der zweiten Intifada war zu beobachten, dass der radikale Protest und extremistische Handlungen wie Selbstmordattentate längst nicht mehr nur im Lager religiöser Fanatiker Zustimmung fanden. Das ist ein alarmierendes Zeichen. Der religiöse Fanatismus, dessen Potentiale schon erschöpft zu sein schienen, bekommt eine neue Kraftspritze. Selbst in säkular orientierten muslimischen Ländern wie in der Türkei ist die Stimmung von einer neutraleren, die Verfehlungen beider Seiten argumentativ abwägenden Haltung zugunsten einer einseitig antiwestlichen, Israel-kritischen Position gekippt. Das kann nun gar nicht im Interesse Israels sein. Die Türkei war und ist der einzige strategische Verbündete Israels in der Region. Für den Westen ist der Verlust der Türkei als Bündnispartner gänzlich undenkbar. Der Westen muss sich endlich zu der eigenen Verantwortung in diesem unheilvollen Kräftemessen bekennen. Chauvinistisch motivierte Machtrituale führen immer zu blutrünstigen menschenverachtenden Positionen.

Im Nahen Osten haben die Provokateure und die Extremisten die Oberhand. Die Welt darf sich aber nicht zu ihren Geiseln machen lassen. Sonst entsteht ein Flächenbrand, dessen Bekämpfung die Weltpolizisten von morgen überfordern könnte.

Das Scheitern der arabischen Welt

Mehr als ein halbes Jahrhundert ist vergangen seit dem Rückzug der Kolonialmächte aus dem Nahen Osten. Doch in dieser Zeitspanne hat es kaum ein arabischer Staat geschafft, die erlangte Souveränität dazu zu nutzen, ein funktionsfähiges politisches System aufzubauen. Die politische Herrschaft ist in den Händen von Clans, die mit diktatorischen Mitteln die materiellen Ressourcen ihrer Länder verschleudern und das geistige Leben praktisch abgeschafft haben. Inzwischen lebt fast die gesamte arabische Intelligenzia im Exil. In Ländern ohne Erdöl herrscht Armut; dagegen ist in Ländern, wo das Erdöl unermesslichen Reichtum geschaffen hat, eine bizarre Konsumwelt entstanden. Deren Bewohner existieren nicht als kreative, produzierende Wesen, sondern ausschließlich als Konsumenten.

Trotz modernistischer Ansätze Anfang des vergangenen Jahrhunderts hat sich der Islam in diesen Ländern als reformunfähig erwiesen. Die arabische Welt hat sich in zahlreichen Kriegen gegenüber Israel nicht behaupten können. Ein erfolgreiches, nachhaltiges Friedenskonzept scheiterte nicht zuletzt an der schwachen Ausprägung zivilgesellschaftlicher, demokratischer Institutionen. Nicht nur der Irak war reif für die Übernahme durch fremde Mächte. Das ist die bittere Wahrheit, die sich hinter der fortdauernden Krise im Nahen Osten verbirgt.

Die oft bemühte antiimperialistische Rhetorik bringt in diesem Zusammenhang keine Erkenntnis. Sie ist lediglich eine beliebte Ausrede in den Mündern unfähiger Politiker, deren einziger Erfolg sich in der Unterdrückung der eigenen Bevölkerung und in grenzenloser Selbstbereicherung niedergeschlagen hat. Der Irakkonflikt trug nicht nur das Gesicht und die Handschrift Saddam Husseins. Er war und ist lediglich ein Baustein in einem Puzzle, das als Ganzes gesehen werden muss.

Im ersten Golfkrieg ging es nicht nur darum, Kuwait zu befreien. Im Krieg der USA gegen den Irak nicht nur darum, die irakische Bevölkerung von ihrem Tyrannen zu erlösen. Selbstverständlich ging es auch um Ölfelder und um strategische Überlegungen. Dennoch hatte sich in der amerikanischen Rhetorik etwas geändert. Man sprach offen davon, ein demokratisches System im Irak aufbauen zu wollen. Ein solches Unternehmen sollte Ausstrahlungskraft in der ganzen Region entfalten. Heute aber steht man vor einem Scherbenhaufen. Woher sollte man im Weißen Haus denn wissen, wen das irakische Volk an die Macht bringen würde? Man stelle sich einmal vor, in Saudi Arabien würde heute frei gewählt. Wie sähe dann wohl das Ergebnis aus? Oder etwa in Ägypten. Die freien Wahlen in Palästina mit dem Wahlsieger Hamas geben einen Vorgeschmack auf das, was die Demokratisierung der Region heute unter den gegebenen Umständen bedeuten würde. Auch im Irak hatte es den Anschein, als ginge es den Briten und den Amerikanern nicht darum die Region zu reformieren – eine Aufgabe, die sie sicher überfordern würde –, sondern den Kolonialismus, der vor einem halben Jahrhundert lediglich unterbrochen wurde, zu modernisieren. Die Globalisierung stellt neue Anforderungen. Die wirtschaftliche Abhängigkeit bedarf keiner politischen Konzepte mehr, die man einfach als Kolonialpolitik entlarven könnte. Vielmehr entstehen neue Verflechtungen, deren ökonomische Notwendigkeit politisches Handeln stark einschränkt.

Ein gutes Beispiel dafür war die Rolle der Türkei in der Region während des Irakkrieges. Die Türkei wurde offen von den USA dazu erpresst, in den Krieg zu ziehen. Das hochverschuldete Land hing am Tropf der Weltbank und des Internationalen Währungsfonds, beides Organisationen, die vor allem von den USA abhängig sind. Konnte es sich die Türkei im Sinne des Wortes überhaupt leisten, sich den Wünschen und Forderungen der USA widersetzen? Das türkische Parlament zeigte Zivilcourage und hat sich widersetzt. Das Land hat sich nicht in einen unerwünschten Krieg hineinziehen lassen, nur weil es in der Globalisierungsfalle sitzt. Der Preis für die besonnene türkische Politik sind anhaltende Spannungen mit der US-Regierung.

Eine koordinierte europäische Politik aber ist ausgeblieben. Gerade wenn die europäische Öffnung gegenüber der Türkei ernstgemeint ist, wären intensive Beratungen über ein abgestimmtes Verhalten im Konfliktfall vonnöten gewesen. Doch nicht europäische Politiker gaben sich vor dem Krieg in Ankara die Klinken in die Hand, sondern hochrangige Vertreter der US-Regierung.

Die Europäische Union macht einen fatalen Fehler, wenn sie glaubt, die Lösung der Konflikte in ihrer unmittelbaren Nachbarschaft an die USA delegieren zu können. Vis-à-vis zur arabisch-islamischen Welt lässt es nicht wie auf einem anderen Stern leben. Es wird auch nichts nutzen, sich hinter der Türkei zu verstecken, die draußen vor bleibt. Die Ablehnung des türkischen Beitritts zur Union würde kein einziges Problem in der Nachbarschaft lösen.

Der Nahe Osten braucht eine visionäre und nachhaltig greifende Strategie, und keine Feuerwehr, die von einem Krisenherd zum andern eilt. Ähnlich wie nach dem Zweiten Weltkrieg in Europa ist eine Einmischung von außen unvermeidlich. Diese Intervention von außen darf auch einen "Zwangsfrieden" zwischen Israelis und Palästinensern nicht mehr ausschließen. Doch nur der Aufbau funktionsfähiger demokratischer Systeme, mit öffentlicher Meinung und Kontrolle, kann den Frieden in der Region auf Dauer sichern. Das vereinte Europa müsste zusammen mit der Türkei eine solche Politik entwickeln. Wenn die vielbeschworene Solidarität mit Israel wirklich etwas zählt, wäre eine solche Allianz gar unumgänglich. Die türkisch-israelische Achse im Nahen Osten darf nicht nur als eine strategisch-militärische Partnerschaft verstanden werden. Sie müsste allmählich zu einer politischen und kulturellen Partnerschaft ausgebaut werden, die in Zukunft auch für demokratische arabische Staaten offen steht. Erst eine solche Kooperation demokratischer Länder in der Region kann einer Keimzelle des Friedens zwischen Israelis und Palästinensern zum Wachsen verhelfen. Nicht um alte Kolonialstrukturen zu modernisieren, das heißt eben auch nicht mit dem alleinigen Ziel der strategischen Kontrolle über Rohstoffquellen, sollte der Westen heute im Nahen Osten präsent sein, sondern um die arabische

Welt aus ihrer zum großen Teil selbstverschuldeten Krise herauszuführen. Dabei handelt es sich keineswegs nur um eine philanthropische Aktion. Denn es gibt Regionen, die viel zu bedeutend sind, um ihre Geschicke ausschließlich ihren Bewohnern anzuvertrauen. Schließlich geht es immer auch um den Frieden bei uns zu Hause.

Heimat oder Vernunft?
Der misslungene Ausflug des Papstes

Es gibt in Europa Landstriche, die genügen sich selbst. Es sind keine großen Gebiete. Ist man in ihnen groß geworden und will in die weite Welt hinaus, braucht man eine gehörige Portion geistiger Anstrengung und viel Einbildungskraft. Denn ein Drumherum scheint es hier ebenso wenig zu geben, wie irgendeine Spur angrenzender Fremdheit. In Bayern findet man solche Landstriche ebenso wie in Österreich oder Tschechien; sie bilden das Herzstück Mitteleuropas, fern von den "durchmischten" Metropolen Berlin und Wien.

Paradoxerweise ist dies auch ein Grenzland zwischen drei Ländern. Aber man sollte sich nicht täuschen, die Ländergrenzen hier sind nur Attrappen. Die Mentalitäten sind austauschbar, wenn auch nicht die Sprachen und Dialekte. Die Landschaft übt große Anziehungskraft aus, auf den, der aus der Ferne kommt und das Märchenhafte sucht. Große Musik wurde von dieser Landschaft inspiriert. In ihren Klängen erscheinen die sanften Hügel, die dichten Wälder, die Dörfer mit ihren gottergebenen Mittelpunkten wieder und immer wieder. In der überschaubaren Schönheit, der harmonischen Ganzheit von Musik und Landschaft verbirgt sich verloren geglaubte Geborgenheit und Zugehörigkeit. Der jenseits der deutschen Sprache schwer zu erklärende Begriff "Heimat" scheint hier geboren worden zu sein. Manch einer wollte weg von hier, verlassen die Idylle der Provinz und ist geflüchtet auf Nimmerwiedersehen. Andere aber hängen ihr Leben lang mit dem Herzen an diesem Stück Land. Geprägt von ihm sind sie alle, bewusst oder unbewusst. "Zonenrandgebiet" hieß es lange in der nüchternen Sprache der Technokraten. Lieferant für Hilfskräfte und ungelernte Arbeiter, Dienstmägde und Stallknechte. Und Heimat auch von Papst Benedikt XVI.

"Erdung", so nannte man die Reise Benedikts XVI. an die heimatlichen Orte. Welch ein trefflicher Ausdruck, archaisch und modisch zugleich. Sehnen wir, in unseren Wohnzimmern und an unseren Arbeitsplätzen zu mehr oder weniger freiwilligen Weltreisenden geworden, uns nicht alle ein wenig nach Heimat? Dieses Landstück zwischen den Flüssen Inn und Isar schien sie doch noch herzugeben.

Die Inszenierung von Heimat und Glauben im vertrauten Kreis schien auch zu gelingen, doch dann wollte der Papst noch an die Universität, zur Inszenierung von "Vernunft und Glauben" vor dann doch zu vielen Fremden. Dort musste er anscheinend scheitern. Denn zu sehr aufgebläht war die eine, heimatgeschwellte Seele in seiner Brust, um der anderen, ausgereisten noch Atemluft zu lassen. In der Universität, ja auch dort, will dieser Papst zu Hause sein und ein paar Fragen aufwerfen, ohne die die Wissenschaft nicht auskommen kann. Von Glauben und Vernunft will er sprechen. Und wie es scheint vergisst er dabei, dass der Weg in die Universität auch das Verlassen einer Insel bedeutet hat. Ganz eingetaucht in das persönliche Licht der Heimat, vergisst der Papst für einen Augenblick die angrenzende Welt und die Anstrengung, die einer wie er unternehmen muss, um dort etwas und jemanden zu erreichen.

Die Heimat, sie genügt sich selbst. Die Heimat, sie will sich feiern. Doch was der Musik spielerisch gelingt, bleibt dem Wort versagt. Der Papst im Hörsaal ist ein Fremder vor sich selbst. Ist er nicht mehr nur der Mann seines Amtes? Doch was ist er dann? Ein Universitätsprofessor bewandert in Philosophie, ein Kleriker, der um seinen Glauben streitet, ein Historiker, ein Besserwisser, ein Mann der offenen Worte, der ausspricht, was andere heimlich denken, ein Geschichtsfälscher, ein Staatsmann, der einem Zwergstaat vorsteht, eine Autorität, nach der sich viele sehnen oder einfach nur ein Mahner im Sinne der Offenbarung?

Vor allem ist der Papst jemand, der Unvereinbares vereinbaren will. Einer, der scheitern muss. "Vernunft", welch fremdes Wort aus dem Munde eines Heimatverbundenen, kein Versprechen, sondern eher ein Versprecher, wo doch die Herzen erreicht sind in der schönen Landschaft, die bei bestem Herbstwetter so viel Ruhe und Frieden ausstrahlt. Nichts an der Heimat muss "vernünftig" sein. Wer nur etwas von Folklore versteht, ahnt das. Nur wer aus der Enge der Heimat fliehen möchte, greift nach einem solchen landschaftsfernen Terminus technicus wie "Vernunft".

Doch Benedikt XVI. möchte etwas anderes. Er möchte das eine Bild in das andere tragen. Heimat und Glauben in der menschlichen Vernunft verwurzeln. Unvermeidlich ist der Widerspruch, in den er sich da verstrickt. Die Papstreise an die Ufer der Heimat, sie wird zum Lehrstück: Über den Glauben in unserer heutigen Welt, über Europa und seine Widersprüche, über das Gefühl, zu Hause zu sein und das große Missverständnis, das es immer wieder verursacht. Der Jesus am Kreuz, nein, man hat ihn (noch) nicht entfernt. Er hängt dort am Waldrand, wie früher. Die Marienbilder, alle noch am rechten Platz. Wo sonst gibt es in unserer Welt der Völkerwanderungen, der Kapitalströme und der Informationsfluten noch so etwas wie "Erdung"?

Auch der abgebrühte Kosmopolit, ja gerade der, kann es nicht verhehlen, dass ihn bei der "Erdung" des Papstes das Gefühl der Sehnsucht packt, gemischt mit einer Prise Ehrfurcht. Der Anblick heimatlicher Verbundenheit weckt Gefühle, die in Diskursen und Talkshows keinen Platz mehr haben. Gerade das Waisenkind sehnt sich in besonderer Weise nach dem Vater, und diese Sehnsucht macht es manchmal blind. Blind vor den Ambivalenzen dieser Heimat, dieses abgeschotteten Landstücks, einst auch Heimat von Adolf Hitler, dem Mann, der Europa in Schutt und Asche legte. Auch ihn hatte diese Landschaft geprägt. Und nicht nur das. Er hat Europa das Sinnbild der Heimat geraubt. Er hat all jenen den Boden entzogen, die sich nach "Erdung" sehnen. Seither wirft sich das konservative Europa jedem an die Brust, der die "Erdung" wieder glaubhaft machen kann. Dieser Papst, er hätte es doch endlich werden können. Jener Träger der Botschaft, in der geschrieben steht, wer wir sind. Wäre er bloß nicht auch noch Professor.

Dieses Mitteleuropa sehnt sich nach einem Landvermesser, der sich mit Grenzen auskennt. Der die Welt, die kein Draußen und kein Anderes und kein Fremdes braucht, repräsentiert.

Und jene, die heimatlos, weil vernünftig geworden sind, jene "verlorenen Seelen" unserer modernen Welt, die Aufgeklärten, die Skeptiker, die Zweifler und die Gottlosen, sie werden niemals begreifen, was für eine kindliche Sehnsucht das ist, diese Sehnsucht nach der abgeschotteten, übersichtlichen Welt. Sie alle sind mit den Barbaren beschäftigt, zu Recht angewidert von so vielen schrecklichen Bildern, die diese Tag um Tag liefern und die bedrohlich nahe an die Grenzen Europas gerückt sind. Doch die wütenden Muslimmengen, die jeden kleinsten Anlass zur Schaustellung ihrer kulturellen Ignoranz und ihrer bigotten Anschauungsreste nutzen, lenken nur ab, von dem eigentlichen Problem hier bei uns: Wer wir Europäer sind, was wir sein wollen.

Die kulturkämpferischen Konservativen wissen zumindest, was sie nicht sein wollen. Sie wollen keine Türken sein. Zumindest die Türken nicht bei sich zu Hause haben. Schon ein Fehler war es gewesen, sie als Gastarbeiter ins Land zu holen. Jetzt nicht noch einen größeren Fehler machen und das ganze Land nach Europa einladen! In ihren Köpfen steht das türkische Heer immer noch vor Wien oder Konstantinopel. Der Türke hingegen, der sich Europa annähert, der ihre Sprache spricht ist, ihnen nichts wert, ja er muss verschwiegen werden zugunsten jenes Christenfeindes, vor dessen Schwert man sich fünf Jahrhunderte lang fürchten musste. Europas Kulturalisten verkennen den Wert dieses modernisierten, "bastardisierten" Türken als Grenzverletzer, als Herausforderer fixer Identitätsvorstellungen, weil ihnen jede Grenzverletzung, jede Bastardisierung ein Gräuel ist. Dankbar sind sie dagegen, wenn auch klammheimlich, für jeden Ehrenmörder, dessen verabscheuungswürdige Tat, dessen Frauenverachtung und Inhumanität die Grenze zum Eigenen leicht ziehen lässt.

Was aber geschieht derweil im Inneren? Wer macht sich noch Gedanken darüber, was es für eine moderne Gesellschaft bedeutet, wenn Politiker, unter ihnen sogar die Kanzlerin, Partei ergreifen in religiösen Fragen, wenn sie glauben, den Papst gegen Angriffe aus der muslimischen Welt in Schutz nehmen zu müssen? Wenn das "christliche" Abendland zur identitätsbestimmenden Formel wird und die aufgrund der Geschichte geradezu obszöne Definition eines "jüdisch-christlichen" Kulturkreises die Runde macht? Selbstredend, dass auch der türkische Ministerpräsident in gleicher Weise handelt und reflexartig die Gegenposition einnimmt, indem er den Papst öffentlich kritisiert, seine Worte als Beleidigung des Islam und seines Propheten auslegt und damit die laizistischen Prinzipien des türkischen Staates bewusst verletzt. Nein, diese Politiker werden nichts zur Versöhnung zwischen Kulturen und Religionen beitragen. Sie reihen sich ein in die lange Liste all derer, die persönliche Glaubensüberzeugung und öffentliches Amt nicht trennen konnten oder wollten, mit verheerenden Folgen für den Frieden zwischen Völkern und Konfessionen. Denn jenseits einer grundlegenden und verinnerlichten Säkularisierung, einer klaren Trennlinie zwischen Staat und Kirche kann es keine Versöhnung zwischen Religionen und Kulturen geben. Genauso wie es keine wissenschaftliche und künstlerische Freiheit geben kann, wenn der Begriff von der menschlichen Vernunft nicht ohne Gott auskommt, so wie ihn ein Papst glaubt, definieren zu müssen.

Der sogenannte Dialog der Kulturen gerät immer mehr zur Farce. Auch dank Männer wie Benedikt XVI., die eher von den rabulistischen Methoden des Mittelalters geprägt sind als von den diskurskritischen Analysen der Spätmoderne. Hätte sich dieser Papst wirklich mit dem Gottesbegriff im Islam beschäftigt, hätte er sich ein anderes, repräsentativeres Gegenüber als einen "Ibn Hazn" aus dem Mittelalter suchen müssen. Einen Zeitgenossen, beispielsweise den türkischen Professor Mehmet Aydın, der als Staatsminister für das Amt für religiöse Angelegenheiten zuständig ist und sich in den letzten Jahren besonders intensiv um ein Gespräch zwischen den Religionen bemüht hat. Sein Lebenswerk kümmert sich um nichts anderes als das muslimische Verhältnis zur menschlichen Vernunft. Solange sich im Westen Publizisten und Theologen nicht wirklich mit dem beschäftigen, was ihre Kollegen auf muslimischer Seite denken und ausarbeiten, bleibt jeglicher Dialogansatz fruchtlos. Und die Stimmen derer, die sich darum bemühen, an erster Stelle sei hier der katholische Theologe Hans Küng erwähnt, bleiben oft ungehört, weil sie sich für den Kulturkampf nicht instrumentalisieren lassen und keine Skandale auslösen. Dabei geht es keineswegs darum, Unterschiede zu verwischen und kritische Fragen auszuklammern. Wie aber kann man unterschiedliche Denkansätze ausloten, gar Trennlinien ziehen, wenn man den Anderen nur aus den groben Bildern kennt, die die Medien tagtäglich liefern?

Wenn, wie in seiner Regensburger Universitätsrede geschehen, der Papst den Dschihad zitiert, in Anlehnung an einen von den Türken bedrängten byzantinischen Kaiser das Schwert des Islam, also die Gewaltnatur dieser Religion in Erinnerung ruft, dann bedient er uralte Mythen, auf deren Grundlage manch "heiliger" Krieg geführt worden ist. Durch rezitierte Legendenbildung aber lässt sich der Glaube vom Mythos nicht befreien. Diese Befreiung gelingt erst dem glaubensneutralen Wissenschaftler. Der nämlich weiß, dass es den allermeisten muslimischen Machthabern bei ihren Kriegszügen nicht um die Verbreitung ihres Glaubens ging, sondern um Dinge ganz materieller, weltlicher Art, um Beute, Ländereien, Machterweiterung, Sklaven. Wie bei den alten Römern eben. Er weiß auch, dass die Fronten bei diesen Kriegen nicht zwangsläufig entlang der Konfessionen verliefen, sondern entlang politischer und wirtschaftlicher Interessen. Der Papst dagegen liefert mit seiner grobschlächtigen Rede nur einen weiteren Beweis dafür, was alles passieren kann, wenn der eine oder andere Gott in die Wissenschaft einzieht.

Deutschland: Standortübungsplatz

Emotionale Klimazonen

Kaum bricht irgendwo auf der Welt ein Konflikt zwischen Völkern aus, sortieren sich hierzulande schon die Allianzen nach emotionalen Gesichtspunkten. Juden und Palästinenser, ob mit oder ohne deutsche Ausweispapiere, bangen um die Existenz ihrer Volksgruppen. Reflexartig organisiert sich das Pro und Contra in der öffentlichen Debatte. Es gibt kaum eine jüdische oder eine palästinensische Stimme, die eine neutrale Position einnimmt.

Erst im Konfliktfall wird die Tragweite des Zuwanderungsprozesses deutlich: Öffentliche Debatten in Deutschland sind nicht mehr ausschließlich aus deutscher Perspektive zu führen. Die deutsche Perspektive wird nicht nur durch eine jeder Debatte innewohnende, aus den eigenen Geschichtserfahrungen abgeleitete unterschiedliche Beurteilung des Problemfalls aufgebrochen, auch die unterschiedlichen Loyalitäten der Zuwanderergruppen tragen zur Fragmentierung von Positionen bei. Die emotionale Bindung an die Herkunft ist ein nicht zu unterschätzender Faktor bei der Positionierung der deutschen Gesellschaft gegenüber einem solchen Konflikt.

Ähnliche Prozesse finden in allen Einwanderungsgesellschaften statt. Doch im Gegensatz zu diesen gibt es in Deutschland immer noch kein scharfes Bewusstsein für die veränderte Lage. Man steht diesen Phänomenen der Verfremdung einheimischer Positionsbestimmungen gleichgültig bis ablehnend gegenüber, kann kaum auf sie einwirken, glaubt immer noch, klare Trennlinien zwischen Innen und Außen ziehen zu können. Doch im Zeitalter weltweiter Kommunikation gibt es kein Inland mehr, das sich von seiner Außenwelt abschotten könnte und unbeeindruckt von den Folgen der Migration eine national homogene Debattenstruktur aufweist.

Eine Moderation der fragmentierten Gefühle und Bindungen ist eine dringliche Aufgabe deutscher Medien. Sie kommen dieser Aufgabe nur in ungenügendem Maße nach. Denn nach wie vor herrscht in der deutschen Medienlandschaft die irrige Annahme, man könne die Phänomene der Migration wie ein ausländisches Thema behandeln. Doch es gibt weder spezifisch deutsche Themen noch eindeutige deutsche Positionen, die unberührt sind von Einflüssen aus dem Ausland. Schon länger gibt es auch in Deutschland ein inneres Ausland. Der Alptraum deutsch-nationaler Konservativer, ihre Heimat sei keine zuverlässige Koordinate mehr, auf die man sich berufen kann, wenn das Eigene hinterfragt wird, scheint sich zu bewahrheiten.

Deutsche Identität hängt heute an vielen verschiedenen Stammbäumen, als territorial nicht mehr eindeutig identifizierbare Frucht. Auch wenn man die Kost verweigert, so weilt man doch im selben Garten, dessen Umzäunung keine Garantie mehr ist für territoriale Unversehrtheit. Längst ist Deutschland in verschiedene emotionale Klimazonen geteilt. Ob die Grenzen zwischen den Klimazonen durchlässiger werden und so einer kritisch-reflektierten, multiplen deutschen nationalen Identität Raum geben, bleibt abzuwarten.

Die Zukunft der deutschen Vergangenheit

Im Geschichtsverständnis eines Volkes spiegelt sich immer auch die Gegenwart wieder. Das Besondere an der deutschen Variante der Geschichtsaufarbeitung war, dass sie eine solche Spiegelung nicht zugelassen hat. Die Nazivergangenheit wurde in Deutschland zu einem negativen sakralen Raum, in dem man die Schuldfrage rituell behandeln und sich durch diesen Ritus entlasten konnte. Das Ergebnis dieses Vorganges ist nicht etwa die Historisierung des Völkermordes an den Juden, sondern seine permanente, an Beschwörung grenzende Thematisierung durch Riten, Jahrestage, Verhaltensformen und Überwachung der Sprache im Zeichen der Schuld. Die Vergangenheit erscheint in Deutschland weniger als Erinnerung denn als ein Sperrbezirk vor der Gegenwart. Wer sich mit dem Holocaust und seinen Folgen beschäftigt, kommt selten in der Vielvölkerrepublik Deutschland an, sieht kaum einen Zusammenhang zwischen der Verfolgung der Juden im Nazideutschland, zwischen den Debatten um die deutsch-jüdische Identität im Wilhelminischen Reich und den aktuellen Diskussionen um doppelte Staatsbürgerschaft, Einwanderungsrecht und Integrationsfragen. Das ist nur konsequent, denn deutsche Vergangenheit ist in erster Linie eine moralische Kategorie und eine Art Geheimsprache zwischen Tätern und Opfern. Die politische, soziale und kulturelle Dimension dieser Vergangenheit bleibt stets hinter der moralischen Frage der Schuld und der Täter-Opfer-Beziehung zurück.

Für einen Einwanderer ist dieses spezielle deutsche Verhältnis zur Geschichte nur schwer nachvollziehbar. Warum reduzieren die Deutschen ihre Geschichte auf diese zwölf Jahre der Hitler-Diktatur? Tun sie das wirklich, oder ist es nur eine Wahrnehmung, die täuscht? Wenn man davon ausgehen muss, dass Deutschland seine Lektion gelernt hat und wie kein anderes Land auf der Welt sich zu seiner Verantwortung und Schuld bekennt, warum tut sich das Land dann so schwer, die gegenwärtigen Herausforderungen, die durch Einwanderung, durch das Zusammenleben unterschiedlichster Herkunft und Kultur entstehen, souverän zu meistern?

In Deutschland gibt es nicht mehr Antisemitismus oder Xenophobie als anderswo auf der Welt. Doch anders als in den meisten Ländern sind diese Begriffe historisch so aufgeladen, dass ihre Wahrnehmung und Diskussion in der Gegenwart jenseits des einstudierten Sprachgebrauchs und ritueller Gedanken fast unmöglich erscheint. Hierzulande, so scheint es, gibt es nur Philosemiten oder Antisemiten, nur Ausländerfeinde oder -freunde. Dabei bleibt die Herkunft, also das ethnische Etikett das alles beherrschende Element der Betrachtung. Eine ungute Situation für eine pluralistische Demokratie, die ihre Kontroversen nicht durch ethnische Etikettierungen, sondern durch Kritik und Austausch von Ansichten austragen sollte. Die ethnische Etikettierung verhindert das Entstehen einer modernen deutschen Gesellschaft, die nicht nach Stammesprinzipien funktioniert, sondern im Rahmen der demokratischen Kultur ihre Werte sucht und formuliert. Nur in einer solchen modernen Gesellschaft jedoch können Vorurteile abgebaut, kritisches Denken geübt und Stereotypen korrigiert werden. Es ist an der Zeit, den deutschen Umgang mit der nationalsozialistischen Vergangenheit mit den Fragen von heute zu verknüpfen. Nicht weil sechzig Jahre Aufarbeitung genug wären und nun das Vergessen einsetzen sollte, sondern weil das Erinnern heute wieder zu einer Erfahrung werden muss, die jenseits der rituellen deutschen "Vergangenheitsbewältigung" auch junge Menschen erreicht, und die bei der Konstruktion einer modernen deutschen Identität als ein wichtiges Korrektiv gegen romantisierende und archaische Identitätsvorstellungen wirken kann.

Der Gedanke, dass man aus der Geschichte lernen kann, ist naiv. Als belehrende Instanz taugt Geschichte wenig. Sonst wäre der erste Krieg in der Menschheitsgeschichte auch der letzte gewesen. Wohl aber wirkt Geschichte auf das Selbstverständnis einer Nation. Sie erklärt manches, verklärt vieles. Jede Nation muss vor der eigenen Geschichtsschreibung auf der Hut sein, um ein kritisches Selbstbewusstsein zu entwickeln.

Schon in einigen wenigen Jahrzehnten werden Millionen von Menschen unterschiedlicher Herkunft Teil der deutschen Nation sein, ohne die deutsche Geschichte mit der Bevölkerungsmehrheit zu teilen. Spätestens dann wird das Ritual der deutschen Vergangenheitsbewältigung einer Geschichtsschreibung Platz machen, die viele Sprachen spricht. Gibt es dann noch Verständigung und Konsens? Das ist die eigentliche Herausforderung, vor der wir stehen. Über sie muss nachgedacht werden, nicht nur unter den Einheimischen, sondern auch unter Zuwanderern.

Deutsche Vergangenheit – eine Barriere vor der Gegenwart?

Niemand verfügt über die Gabe, sich in andere Zeiten und Verhältnisse, in andere Personen und ihre Schicksale hinein zu versetzen, es sei denn durch künstlerische Intuition. Jenseits der Literatur könnten autobiographische Zeugnisse dokumentarischen Anspruch erheben. Doch die Grenze zur Fiktion bleibt auch bei diesen Berichten immer offen. Wer Objektivität anstrebt, muss immer noch durch einen subjektiven Filter gehen. Für meine Generation, die weder Krieg noch Vertreibung erlebt hat, waren solche Erfahrungen Geschichte, die uns wie eine Fremdsprache in der Schule beigebracht wurde. Und es verhält sich genau so wie mit Fremdsprachen. Nur eine lebenslange Beschäftigung mit ihnen ermöglicht einen langsamen Lernprozess. Man lernt nie aus, und einen endgültigen Abschluss gibt es nicht.

Die Katastrophen des 20. Jahrhunderts, allen voran der deutsche Faschismus und der Völkermord an den europäischen Juden, haben die aufklärerische Kompetenz Europas in Frage gestellt. In Deutschland führte diese schreckliche Erfahrung zu einer einmaligen Schulddebatte und zur Forderung, aus der Vergangenheit zu lernen. Dieser Lernprozess ist zur Staatsräson, zum Gemeinschaft stiftenden Leitmotiv geworden. Dabei wurde die Schuld weitgehend entpersönlicht, ihre Abarbeitung, die mit der untauglichen Bezeichnung "Vergangenheitsbewältigung" versehen wurde, dem politischen Ritus überlassen. Abstrakte Größen wie der Staat und seine Organe streiften an Stelle der Personen, die sich schuldig gemacht hatten, das Büßerhemd über. Wenn jemals die Schuld personalisiert wurde, dann zumeist anhand solcher Personen, die nicht mehr am Leben waren. Ganz anders die Opfer: An sie erinnert man sich vor allem durch zahllose persönliche Berichte und Zeugnisse. Hätte es die Anstrengungen der Opfer und ihrer Hinterbliebenen nicht gegeben, wäre es vielleicht jenseits der Nürnberger Prozesse zu gar keiner Verfolgung nationalsozialistischer Täter mehr gekommen. Die deutsche Vergangenheitsbewältigung funktionierte als Schutzwall vor der Geschichte, als Kontrollinstanz gegenüber Ansprüchen an die Psyche einzelner Menschen, die aus der Schuldfrage entstehen konnten. Um diese Ansprüche fern zu halten, war man bereit, materiell und politisch großzügig zu entschädigen. Das vorläufig letzte Kapitel in diesem Prozess der Entschädigung wurde jüngst abgeschlossen, als man mühsam eine Formel für die Zwangsarbeiter des Naziregimes finden konnte.

Nach dem verlorenen Weltkrieg blieb den Deutschen nur das Scheckheft, um in den Lauf der Geschichte einzugreifen. Es wurde immer dann eingesetzt, wenn die Ereignisse der Gegenwart den Schutzwall um die Vergangenheit bedrohten. Hatte man dem Irak Raketen verkauft, die Israel bedrohten, wurde Israel mit Mitteln beschenkt, um diese Raketen zu bekämpfen.

Solange die Mauer mitten in Deutschland stand und die Wunden des Krieges allzu spürbar und sichtbar waren, konnte es keinen Zweifel darüber geben, dass Deutschland als geteiltes, von seiner Vergangenheit schwer belastetes und dennoch wirtschaftlich außergewöhnlich erfolgreiches Land einen Sonderstatus in der Völkergemeinschaft hatte. Deutsche Soldaten im Auslandeinsatz waren undenkbar. Seit der Wiedervereinigung erleben wir nun einen permanenten Wandel, ein vorsichtiges Ausloten der deutschen Rolle in der Welt, Auslandseinsätze der Bundeswehr eingeschlossen. Die Deutschen sind diesmal willkommen in der Welt. Sie werden als professionelle Vermittler geschätzt. Das geläuterte, bescheidene Deutschland ist ein wichtiger Faktor in der internationalen Politik und in Krisenregionen. Doch weiterhin im Dunkel bleiben die persönlichen Fragen. Vor allem die Generation derer, die als Kinder und Jugendliche das nationalsozialistische Regime erlebten, von ihm fasziniert waren und durch es verführt wurden, später in der Bundesrepublik dann zu Antifaschisten und Demokraten wurden, hat die Traumata aus ihrer Jugend weitgehend verdrängt. Diese Generation, die heute um die achtzig ist, hat das Nachkriegsdeutschland maßgeblich geprägt. Die Schweigespirale aber verhindert eine Erforschung der Tiefendimensionen der deutschen Wiederaufbauleistung. Widersprüche und Widerstände, wie zum Beispiel gegenüber der Einwanderung, bleiben weitgehend unausgelotet. Die verständliche Forderung, Deutschland solle doch sechzig Jahre nach Kriegsende wieder zur Normalität zurückkehren, übersieht, dass für diese Generation die Narben kaum verheilt sind. Man hat einfach nur so getan, als gäbe es sie nicht.

Das Verhältnis gegenüber Israel und den Juden folgt weiterhin einem fixierten, engen Grenzen folgenden Verhaltenskodex. Irrtümlicherweise verwechseln viele Beobachter diesen Kodex mit der Bekämpfung des Antisemitismus. Der Kampf gegen die antisemitische Ideologie in Deutschland aber ist längst zu einem Reflex geworden, der umso stärker ausschlägt, je mehr der Antisemitismus tabuisiert wird. Dieser Reflex wird von zwei Phasen gelenkt, die, so konträr sie im Ergebnis erscheinen mögen, sich eher ergänzen als ausschließen. Der erste folgt dem Muster des klassischen Antisemitismus: Die Juden seien zu mächtig, also müssen sie angefeindet und bekämpft werden. Der zweite Reflex basiert ebenfalls auf der Annahme, die Juden seien mächtig, die Folgerung aber heißt, man müsse sich gut mit ihnen stellen. Die ergänzende Standardfrage dazu lautet: "Was denkt das Ausland über uns?" Der zweite Reflex verdeckt nur den ersten, ursprünglichen. Er ist mitnichten dazu geeignet, den Antisemitismus zu bekämpfen. Er beruht ebenfalls auf einer Pauschalisierung und führt zu einer gefährlichen Verkennung der Lage. Antisemitische Vorurteile und Stereotypen nämlich schlummern in den Köpfen weiter, können jederzeit wachgerufen werden.

Nach der erfolgreichen Wiedervereinigung der beiden deutschen Staaten wurde die Sehnsucht nach Normalität immer mehr zum Gegenstand politischer Emotionen. Jüngere Politiker wie Gerhard Schröder und Joschka Fischer wurden an der Macht zu Akteuren eines souveränen Deutschland.

Ein souveräner Staat, so lautete ihr Credo, geht souverän mit seiner Geschichte um, verbittet sich Einmischungen und Vorhaltungen, hat die Lufthoheit über das eigene Selbstbewusstsein.

Die Sehnsucht nach Normalität hat die Ritualisierung der deutschen Schuldfrage nicht aufgehoben, eher noch verstärkt. Deutsches Selbstverständnis braucht diese Rituale als Blitzableiter, um das sich zusammenbrauende Gewitter zu überstehen.

Bereits in ihrem Anfangsstadium entpuppt sich heute die deutsche Normalität als gefährliches Spiel an den Narben der deutschen Geschichte. Das Verhältnis zu den Juden ist nach wie vor verkrampft und verlogen. Die Gutmenschen, die aus Gewissensgründen auf eine besonders freundliche Sonderbehandlung der deutschen Juden und des Staates Israel pochen und dabei nicht Teil antisemitisch motivierter Reflexe sein wollen, sind in den Medien und im politischen Establishment nach wie vor tonangebend, verlieren aber im Volk deutlich an Gewicht. Die Gesellschaft ist weder gegenüber den Juden noch gegenüber anderen Minderheiten wie zum Beispiel den Türken frei von Ressentiments. Der politischen und kulturellen Atmosphäre mangelt es nach wie vor an jenem Fingerspitzengefühl und an jener Flexibilität, die unbedingt notwendig ist, um Menschen unterschiedlicher Herkunft in die Gesellschaft zu integrieren. Leider kann dieser Zustand auch durch jene verstärkt und zementiert werden, die eigentlich die Leidtragenden der Intoleranz sind. Vor allem die Funktionäre der Minderheiten neigen manchmal dazu, den ehrbaren Gedanken des Minderheitenschutzes als Schutz vor jeder Kritik auszulegen. Wenn das Gedenken an die Opfer des Nationalsozialismus wie eine Wahrnehmungsbarriere vor der Gegenwart und ihren Herausforderungen aufgebaut wird, büßt sie ihre moralische Funktion ein und führt zu einem Wettlauf mit der Zeit. Vielleicht war das Ablenken von der Gegenwart, die Fixierung auf die Geschichte für alle Beteiligten, Täter wie Opfer, opportun und hat kurzfristig auch gegenseitige Pfründe und Anerkennung gebracht. Langfristig aber hat dieses Spiel mit verdeckten Karten fatale Konsequenzen.

Ethnischer Lobbyismus amerikanischer Prägung ist auf der politischen Bühne Deutschlands ein Fremdwort. Er wird bislang weder von den deutschen Parteien noch von der öffentlichen Meinung akzeptiert. Er kann nur dazu führen, die Entfremdung zwischen Einheimischen und Eingewanderten zu vergrößern. Seit Jahren versucht auch die Türkei, die deutschen Türken für Lobbyarbeit zu rekrutieren.

Was aber sind die Folgen einer solchen Politik? Die ethnische Fragmentierung der Gesellschaft, opportunistisches Hantieren mit moralischen Werten wie Demokratie und Menschenrechte, Einäugigkeit und unkritische Gefangenschaft in den Stricken der Herkunft. Vielleicht ist es gar nicht zu verhindern, dass Minderheiten in die Lobbyfalle tappen. Dies lässt sich leicht psychologisch erklären, vor allem, wenn sich die Mehrheit so verschlossen und wenig aufnahmebereit zeigt wie in Deutschland. Wer mit der Stiefmutter nicht warm wird, wird die leibliche Mutter umso mehr idealisieren. Wer in der Lobbyfalle sitzt, verliert die Kraft zur Selbstkritik, denkt zunehmend in Freund-Feind-Rastern und büßt nicht zuletzt die Fähigkeit ein, sich zu erneuern.

In den neunziger Jahren schlug den Türken in Deutschland ein ähnlicher Wind ins Gesicht wie den deutschen Juden heute. Die türkische Politik gegenüber den Kurden stieß auf wenig Verständnis in der deutschen Öffentlichkeit. Die Kritik schoß manches Mal über das erträgliche Maß hinaus, war diffamierend, auf jeden Fall unsolidarisch mit dem Nato-Partner. Aber sie war teilweise, vor allem wenn es um die Bürgerrechte der türkischen Kurden ging, auch nötig und durchaus berechtigt. Die Türkei bekämpfte die kurdischen Terroristen militärisch, mit allen, auch nicht rechtsstaatlichen Mitteln. Es wurde Krieg geführt. Einen rechtsstaatlichen Krieg gibt es nicht. Die Türkei fühlte sich in diesem Kampf nicht nur allein gelassen und isoliert. Sie hatte auch viel Grund zur Annahme, dass ihre europäischen Verbündeten eher mit der kurdischen Sache sympathisierten als mit der türkischen Staatspolitik.

Viele Türken in Deutschland haben diese Erfahrungen aus den neunziger Jahren noch gut in Erinnerung. Sie haben sie sogar verinnerlicht und wurden durch diese in ihrem nationalen Zugehörigkeitsgefühl gestärkt; gleichzeitig entfernten sie sich mental und emotional von der öffentlichen Meinung in Deutschland. Somit saß die türkische Minderheit in Deutschland in der Lobbyfalle. Und dort sitzt sie heute noch. Ähnliches droht nun den deutschen Juden, aufgrund der israelischen Politik im Nahen Osten. Die Juden in Deutschland haben es aufgrund der deutschen Geschichte nicht etwa leichter, sondern noch schwerer, Freund und Feind zu unterscheiden. Auch wenn Juden seit fünfzehn Jahrhunderten auf deutschem Boden leben, ist in den Köpfen vieler Deutscher der Gedanke fest verwurzelt, ihre Heimat sei nicht Deutschland, sondern Israel.

In den nächsten Jahrzehnten wird in Deutschland in Folge des Einwanderungsprozesses eine unübersichtliche politische Situation entstehen, die mit den Instrumenten der alten Bundesrepublik nicht mehr gelotst werden kann. Wer in der deutschen Parteienlandschaft denkt eigentlich darüber nach, was es bedeuten wird, in einigen Jahrzehnten zwei bis drei Millionen muslimische Wähler zu haben? Die deutsche Geschichte und ihre Bewältigungsrituale sind kein Schutzwall mehr, hinter dem man sich vor den Herausforderungen der Gegenwart verschanzen kann. Nicht nur weil diese Rituale jüngeren Menschen immer weniger sagen, sondern auch weil deutsche Geschichte nicht mehr die Geschichte aller deutscher Staatsbürger ist. Um den inneren Frieden Deutschlands zu wahren, reicht es nicht aus, das politisch korrekte Verhalten gegenüber einer bestimmten Minderheit und den Austausch von Antisemitismusvorwürfen an der Tagesordnung zu halten. Vielmehr bedarf es der Etablierung einer zivilen, von Komplexen befreiten, offenen Auseinandersetzung, in der es jedoch keinen Platz für Ausgrenzung, Diffamierung, Stereotypen und Doppelmoral geben darf. Das gilt für alle und jeden, für Juden ebenso wie für Muslime. Judenschutz und Migrantenbeschimpfung vertragen sich miteinander ebenso wenig wie strategische Allianzen der Minderheiten mit undemokratischen, rassistischen Kräften.

Wie wenig Deutschland auf diese komplexe Situation vorbereitet ist, legte die Diskussion um das Schächten bloß. Was von Juden in Deutschland als religiöses Ritual seit Jahrzehnten praktiziert wird, musste von den Muslimen erst vor einem deutschen Gericht erstritten werden. Die darauffolgende Aufregung in der Gesellschaft offenbarte wieder einmal, wie wenig die deutsche Mehrheit über ihre Minderheiten weiß und wie stark die Ressentiments gegenüber fremden Sitten und Gebräuchen sind.

Nach wie vor werden in Deutschland Minderheitenpolitik und Einwanderung als eine juristische, innenpolitische Angelegenheit betrachtet. Dabei ist sie eine überdimensionale kulturpolitische Herausforderung. "Wie denke ich über den anderen?", heißt auch immer, "welche Bilder habe ich von ihm, was weiß ich über ihn?". An Bildern über den anderen mangelt es uns nicht, wie aber sieht es mit Wissen aus, mit den Möglichkeiten eines geistigen Austausches, einer offenen kritischen Auseinandersetzung?

Die Hauptstadt des Fragments

I

Berlin hat immer wie ein alter Mann auf mich gewirkt. Ein Lebemann, der durch das Leben gerast ist und den ein Schwindelgefühl erfasst, wenn er sich erinnern muss. Obwohl diese Großstadt jünger ist als viele andere Metropolen auf der Welt, ja als große Weltstadt kaum älter als hundert Jahre, hatte sie bei meinem ersten Besuch Mitte der siebziger Jahre etwas Gebrochenes, Verwittertes an sich, so als hätte man hier ein ganzes Jahrtausend im Zeitraffer durchlebt.

Das Jahrhundert Berlins war eigentlich nur ein halbes. Die Blütezeit in den zwanziger Jahren mit ihren Künstlerzirkeln, ihrem Aktivismus und pulsierendem Charme ging über in das Jahrzehnt der Nazis, mündete in den Zweiten Weltkrieg, der die Zerstörung und Teilung der Stadt zur Folge hatte. Ende der achtziger Jahre des vergangenen Jahrhunderts zog ich in diese in die Jahre gekommene Stadt, in der vieles zum Stillstand gekommen war. Stillgelegte Bahnhöfe und Fabriken, ruhige, für eine Stadt dieser Größenordnung untypische Ecken, eine fast mysteriöse Langsamkeit. Die Stadt wirkte so, als wartete sie schon lange darauf, abgeholt zu werden. Und da niemand zu kommen schien, hatte sie die Hoffnung schon fast aufgegeben, vom Fleck zu kommen. Das Berliner Phlegma war nicht abstoßend. Ganz im Gegenteil; es reizte zum Mitsitzen und Mitwarten, zum Schlaf vor dem Kuss, der auf einmal die Welt verändert.

1989 wurde die Stadt wachgeküsst. Man feierte etwas kopflos, war verkatert, wie nach einer durchzechten Nacht, suchte vergeblich nach dem Prinzen, der dies alles besorgt hatte. Statt des Prinzen kam ein gemütlich wirkender Stallmeister und erntete Beifall für notdürftige Reparaturen an der

Stalltür. Doch er vergaß, die Tiere zu versorgen. Er nahm sie gar nicht wahr. Er hatte keine Augen für jene, die längst keine gewöhnlichen Nutztiere mehr waren, fähig zu tüchtiger Arbeit, sondern Schlafgeschöpfe, deren Übertritt in den Todeszustand von kaum jemanden bemerkt worden war.

Wie bei einem alten Menschen ist auch in Berlin der Tod allgegenwärtig. Man wähnt sich ihm am nächsten, dort, wo die Stadt in ihren düsteren Quartieren sich längst von ihren aktuellen Bewohnern verabschiedet zu haben scheint, immerzu beschäftigt mit sich selbst und mit jenseitigen Dingen.

Was war es, was junge Menschen anzog, sie dazu bewegte, hier zu leben, gerade hier? Nostalgie? Wehmut? Sehnsucht nach dem Tod? Nichts von alledem. Man schätzte gerade die Lethargie der Stadt, ihre Antriebslosigkeit. Denn sie öffnete Räume, die es anderswo nicht gab. Anderswo musste man sich erst gegen das Bestehende durchsetzen. Man musste sich Platz schaffen. In Berlin war immer Platz. Die Stadt war eingemauert, aber sie platzte nicht gerade aus den Nähten. Man bewegte sich langsam, dafür aber genauer. Entlang der Mauer konnte man einmal um die Welt reisen, Sprüche aus so vielen Sprachen standen auf ihr und vermischten sich mit Sprachen, die es noch gar nicht gab, oder die schon längst ausgestorben waren. Ein Ort wie geschaffen für Utopien. Konnte es einen besseren Platz geben, um jung zu sein?

II

Nach dem Zweiten Weltkrieg waren die Deutschen ein betäubtes Volk. Sie mussten ihre Sinne entschärfen, um den Zusammenbruch ihrer Welt ertragen zu können. Sie hatten unermessliches Leid über andere gebracht, Schuld auf sich geladen, für die es keine Wiedergutmachung geben konnte. Nur wenige stellten sich den Schuldgefühlen. Die meisten kämpften ums Überleben. Aus diesem Überlebenskampf entstand eine der größten Aufbauleistungen der Menschheitsgeschichte. Binnen eines Jahrzehnts war Deutschland wieder ein bedeutendes Industrieland in Europa. Die deutsche Wirtschaftsmaschine brauchte immer mehr Arbeiter. So öffnete sich jenes Land, das noch wenige Jahre zuvor sogar die assimilierten deutschen Juden als Fremdkörper betrachtet und in den Tod getrieben hatte, fremden Arbeitern aus fernen Ländern. Viele kamen aus der fernen Türkei. Auch nach Berlin. Nach dem Bau der Mauer 1961 war West-Berlin besonders auf diese ausländischen Arbeitskräfte angewiesen, da die Stadt von ihrem Umland abgeschnitten war. Damals machte man sich keine Gedanken darüber, wie das Zusammenleben zwischen Deutschen und Ausländern vonstatten gehen sollte. Es gab kein Zusammenleben. Die Ausländer waren Arbeitstiere. Tagsüber in den Fabriken, abends in ihren Heimen, kaum unterwegs in der deutschen Gesellschaft, die Köpfe fest verwurzelt in ihrer Heimat. Doch nur wenige der sogenannten Gastarbeiter kehrten in ihre Heimat zurück. In Berlin ließen sie sich mit ihren Familien nieder, meistens in den billigen Quartieren entlang der Mauer, in abrissreifen Häusern, mit Ofenheizung und Außentoilette im Treppenhaus. Auf den Straßen tobte der Achtundsechziger Aufstand. Vietnam stand auf der Tagesordnung der protestierenden Studenten. Nicht aber die Zustände im eigenen Land, das Schicksal der Gastarbeiter, ihre Lebens- und Arbeitsbedingungen. Man nahm diese Menschen kaum war. Sie waren die Heloten der Gesellschaft, nicht gleichberechtigt mit den Bürgern des Landes. Langsam veränderten sich manche Straßenzüge in Berlin. Türkische Geschäfte und Handelshäuser machten auf. Die Gerüche in den Straßen wurden farbiger. Aus den Gastarbeitern von einst wurden kleine Unternehmer. In den Schulen gab es jetzt Klassen mit Kindern, deren Muttersprache nicht deutsch war. Doch ein politisches Konzept für alle diese Vorgänge gab es nicht. Stattdessen sagte man, "Deutschland ist kein Einwanderungsland".

Berlin ist eine Einwandererstadt par excellence. Nur so hat die Stadt überleben können. Berlin ist ein besonders guter Ort für Einwanderer, weil man sich in dieser Stadt nicht zu Hause fühlen muss. In Berlin muss man nicht zu Hause sein, um sich hier wohl zu fühlen. Auch aus Koffern lässt es sich hier gut leben. Heimat ist anderswo. "Heimat" klingt in Berlin wie ein Fremdwort. Aus den Ruinen des Zweiten Weltkriegs ist eine Baustelle entstanden, auf der permanent gebaut wird. Nichts wird wirklich fertig. Das Neue altert schneller als anderswo. Berlin ist alles andere als ein Museum. Es gönnt der Vergangenheit keine Ruhe.

III

Nur mit Widerwillen zogen die Westdeutschen nach der Wiedervereinigung in die Hauptstadt Berlin. Es fiel ihnen nicht leicht, ihre geordneten Verhältnisse, ihre Reihenhäuser und Kleingärten zu verlassen und in diese Baustelle auf märkischem Sand zu ziehen. Viele zogen es vor, sich am Stadtrand anzusiedeln, in Neubauten, die den Häusern am Rhein ähnelten, die sie verlassen mussten.

Seit Jahren stagniert die Einwohnerzahl Berlins, es gibt sogar mehr Ab- als Zuwanderung. Die Bauspekulanten sitzen auf ihren Objekten. Die Viertel in der Mitte der Stadt hat man fast komplett den Türken überlassen. Künstler zieht es dorthin. Und Arbeitslose, die sich anderswo keine Wohnung leisten können. Neukölln, Kreuzberg und Wedding werden als soziale Brennpunkte angesehen. Hoher Ausländeranteil, Arbeitslosigkeit, Kleinkriminalität: Alptraum des Kleinbürgers. Doch verglichen mit den Elendsquartieren anderer Großstädte geht es hier friedlich und gesittet zu. Nicht die Wirklichkeit, sondern die Angst in den Köpfen dominiert das Berlinbild des Kleinbürgers. Lebensumstände, die man nicht überschauen kann, fremde Sitten und Gewohnheiten, Mentalitätsunterschiede sorgen für Unruhe und Distanz.

Deutsche Träume und Alpträume liegen nahe beieinander. Einerseits will man sich weltoffen und kosmopolitisch zeigen, andererseits wehrt man sich gegen die Metropole, mit ihren als monströs empfundenen Gesichtszügen. Aus dem Kleinstädter wird über Nacht kein Großstadtmensch.

Jetzt haben wir eine echte Hauptstadt und wissen damit nichts anzufangen. Berlin ist ein Fremdkörper in Deutschland. Seine linken Wähler, seine rote Vergangenheit, seine Türken und Russen, seine überdimensionale Fläche, seine Armut machen es zu einem verbotenen Apfel im deutschen Paradies. Die idealen deutschen Städte haben weniger als einhunderttausend Einwohner und eine berühmte Universität. Sie sind überschaubar und gemütlich. Berlin ist alles andere als das. Der deutsche Geist hat Städte wie Tübingen, Heidelberg und Göttingen geschaffen. Berlin aber ist hugenottisch, russisch, jüdisch, türkisch, vielleicht der einzige potentielle Kosmopolit unter den deutschen Städten.

IV

Als vor einem Jahrzehnt Berlin wieder zur deutschen Hauptstadt gemacht wurde, fiel die Entscheidung knapp aus. Es war eine emotionale Wahl. Weder ökonomische noch soziale Faktoren spielten eine große Rolle. Die Deutschen standen ihrer Geschichte gegenüber. Die Nation, die mit der nationalen Einheit verloren gegangen war, die nicht nur den Weltkrieg verloren hatte, sondern auch unbeschreibliche Schuld auf sich geladen hatte, kam mit der Herstellung der Einheit wieder zu sich. Ihre betäubte Seele taute auf, entdeckte ihr Preußen und ihr Berlin, die Hauptstadt des deutschen Nationalstaats, der kurzlebig gewesen war und ein tragisches Ende gefunden hatte. Sollte man dort ansetzen, wo alles aufgehört hatte? Genau das war nicht möglich, denn das, was zu Ende gegangen war, durfte mit dem, was begann, nichts zu tun haben. Das Kaiserreich, die Weimarer Republik und der Nationalsozialismus waren zwar historische Vorgänger der Bundesrepublik und der Deutschen Demokratischen Republik, aber bestimmt keine Vorbilder, auf denen sich Kontinuität hätte aufbauen lassen können. Die Wahl Berlins zur Hauptstadt des vereinten Deutschland hat nicht, wie von manchen erhofft, die Brüche in der deutschen Geschichte geheilt; im Gegenteil, sie hat sie offener zu Tage treten lassen. Bei jedem Anlass sind sie nun zu spüren. Ob man über das wilhelminische Stadtschloss diskutiert oder über die Bebauung der leergebombten Mitte, immer wieder kommen jene Spuren zum Vorschein, die Berlin zu einer einzigartigen historischen Baustelle auf der Welt machen.

Jede Stadt hat wie ein Mensch einen genetischen Code. Berlins genetischer Code lässt die Stadt zwischen Kultur und Gewalt agieren, oft überhitzt, reflexartig, manchmal auch nur unbewusst. Jeder Aufbau deutet hier auf eine Zerstörung hin, die nicht reparabel ist. Kaum wurde die Berliner Mauer abgetragen, schon geisterte sie in den Köpfen als Scheidewand. Berlins Biographie ähnelt der eines Migranten, der sein Territorium verlassen hat. Die Stadt muss mit ihren Brüchen leben, sie akzeptieren und mit ihnen ein neues Ganzes schaffen, das nicht einfach nur eine Fortsetzung des Vergangenen ist. Diese anspruchsvolle Aufgabe bedarf künstlerischer Intuition. Die Stadt wird immer mehr zum Protagonisten einer spannenden Suche. Nicht so sehr nach sich selbst, sondern nach den Lücken und Bruchstellen, die dieses "Selbst" hinterlassen hat.

Ich kam in den Westteil der Stadt, ein Jahr vor der Maueröffnung. Ich hatte München, die Stadt, in der ich aufgewachsen war, verlassen, um in eine Metropole zu ziehen. West-Berlin war eher eine anatolische Kleinstadt als eine Metropole. Aber genau dieser Widerspruch zwischen Anspruch und Wirklichkeit machte den Reiz der Stadt aus. Nach dem Mauerfall wurden das anatolische Berlin und das sowjetische Berlin vereinigt. Es entstand eine Megaprovinz, ein Magnet für Künstler, die die Sehnsucht nach Visionen in die Stadt trieb. Anderswo verleihen Menschen ihrer Stadt Visionen. Hier ist es umgekehrt, man erwartet von der Stadt Einfall und Inspiration.

V

Berlin inspirierte mich zu einer Reihe von Essays, essayistischen Gedichten und schließlich zu meinem Roman *"Gefährliche Verwandtschaft"*. In diesen Texten kombinierte ich Reminiszenzen aus der Geschichte der Stadt mit den Erinnerungen ihrer aus unterschiedlichen Kulturen stammenden Bewohner. Menschen aus der Türkei hatten hier Fuß gefasst. Doch welchen Bezug hatten sie zur Geschichte der Stadt? Was bedeutete ihnen die Mauer, die die Stadt vier Jahrzehnte lang geteilt hatte, der Platz der Luftbrücke, das Brandenburger Tor, der Reichstag, das Scheunenviertel? Es gab durchaus historische Bezugspunkte, aber kaum jemand kannte sie. War Ernst Reuter, der erste Bürgermeister der Stadt nach dem Krieg, nicht in der Türkei im Exil gewesen? Hatte nicht ein junger Armenier 1921 in der Hardenbergstraße den jungtürkischen Führer Talat Pascha ermordet, der verantwortlich war für die Deportation und den Tod von Hunderttausenden Armeniern in Anatolien? Geschichten, an die man sich nicht erinnerte, vielleicht auch nicht erinnern wollte. Im 20. Jahrhundert waren die deutsche und die türkische Geschichte mehr als einmal miteinander verknüpft. Doch gab es daran keine nennenswerte Erinnerung mehr. Die sogenannte Waffenbrüderschaft aus dem Weltkrieg, davon hatte man vielleicht schon gehört, von Goltz Pascha und anderen, die das Osmanische Reich an der Seite des Wilhelminischen Reiches in die Niederlage und Auflösung führten. Doch wer wusste heute noch vom deutschen Exil am Bosporus? Die junge türkische Republik unter der Regie des Reformers Mustafa Kemal hatte Hunderten von deutschen Wissenschaftlern, die aus politischen Gründen oder aufgrund der nationalsozialistischen Rassengesetze ihren Beruf in Deutschland nicht mehr ausüben konnten, Zuflucht und Arbeit geboten.

Berlin war ein idealer literarischer Arbeitsplatz für mich, um diese verborgenen Geschichten aufzuspüren und zu erfinden. Mit Sascha Muchteschem dachte ich mir eine Romanfigur aus, deren Mutter als junge Frau im türkischen Exil gewesen war und dort den Vater des Protagonisten kennen gelernt und geheiratet hatte. Sascha kommt Anfang der neunziger Jahre des vergangenen Jahrhunderts von einem längeren Amerikaaufenthalt nach Berlin zurück, in die wiedervereinigte Stadt. Er hat den historischen Moment des Mauerfalls nicht erlebt, fühlt sich als Außenseiter der Geschichte. Nach dem Tod seiner Eltern erbt er unter anderem die Tagebücher seines türkischen Großvaters, der im Jahre 1936 aus unerklärlichen Gründen Selbstmord verübt hatte. Er hätte mit der türkischen Olympiamannschaft Berlin besuchen sollen. In den Tagebüchern vermutet Sascha Anhaltspunkte für den rätselhaften Selbstmord des Großvaters. Doch er kann diese Bücher nicht lesen. Denn er spricht kein Türkisch. Er kann nicht einmal das Schriftbild lesen, da die Tagebücher in kyrillischer und arabischer Schrift verfasst worden sind. Soll er sie übersetzen lassen? Soll er die Geschichte seines Großvaters erfinden und einen Roman über ihn schreiben? Geschichte als Dokument und Erfindung wird zur eigentlichen Hauptfigur des Buches, und immer klarer stellt sich heraus, dass die Suche nach der Wahrheit sich nur schlecht dokumentieren lässt.

VI

Man kann sich einer Stadt schreibend annähern, wenn man ihr Alphabet entziffert hat. Berlins Alphabet ist lückenhaft. So sind hier eigentlich nur Geschichten zulässig, die lückenhaft geschrieben sind. Das Fragmentarische, diese moderne Form der Erzählung, findet in dieser Stadt einen guten Nährboden. Die abgerundeten Geschichten mit wohlkonstruiertem Anfang und Ende, mit kalkulierten Höhepunkten, finden anderswo statt. Hier aber treten die Brüche in den Biographien, die verschütteten Erinnerungen und die an den Stammbäumen der Figuren lose hängenden Blätter zu Tage. Man geht sie sammeln, immer mit dem Gefühl der Unvollständigkeit. Man glaubt zu finden und verliert im selben Moment.

Adenauerplatz

Nicht wenige Intellektuelle hierzulande werden von einem "Deutschland im Herbst"-Syndrom geplagt. Das ist auch ein Erbe der Achtundsechziger-Generation, die nach wie vor einen starken Einfluss auf die Meinungsbildung in Deutschland hat. Nicht die berechtigte und in den sechziger Jahren längst überfällige kritische Aufarbeitung der Geschichte steht hier zur Disposition. Wohl aber die Verdunkelung der Gegenwart, die mehr das Ergebnis eines Seelenzustandes denn einer auf Reflexion beruhenden Haltung ist.

Dabei hat sich der Himmel über Deutschland weitaus mehr aufgeklart als viele es wahrhaben wollen. Wir haben ein friedlich wiedervereintes Deutschland inmitten von Europa. Wer hätte 1945 gedacht, dass die Dinge sich so entwickeln würden, dass auf dem Boden des zerstörten, schuldbeladenen Deutschland ein angesehenes, offenes und demokratisches Land entstehen würde? Die junge Generation nimmt dieses "deutsche Wunder" durchaus wahr, und in den letzten Jahren ist auch ein lockereres Verhältnis zu sich selbst, zu Deutschland und zum Deutschsein zu beobachten.

Wie aber kommt es, dass dieses weltoffene, positive, in sich stabile Deutschlandbild so schwer zu vermitteln ist? Das Verhältnis von manchen Deutschen zum eigenen Land – nicht zufällig sind gerade unter ihnen viele Stimmungs- und Meinungsmacher – erinnert eben auch an jene, die mehrere gescheiterte Ehen hinter sich haben und nun dem Phänomen der Liebe distanziert gegenüberstehen. Angst vor dem Scheitern und Sehnsucht nach dem unerreichten Glück bilden dabei ein komplexes Geflecht.

Im 19. Jahrhundert keimte das Ideal der Vaterlandsliebe auf und wurde zum Humus des nationalen Empfindens. Zugleich wurde es verklärt, als in der Seele wurzelndes Gefühl, das den Zusammenhalt der Bürger stärkt und das moderne, in weiten Teilen rational definierte Staatswesen festigt.

Vaterlandsliebe wurde von der Ideologie des Nationalismus missbraucht und auf den Schlachtfeldern Europas begraben.

Die Liebe als vereinigende Kraft wurde nach dem Zweiten Weltkrieg ins Private verlagert. "Make love, not war!", lautete die Devise, die jungen Generationen eine friedlichere und menschenwürdigere Welt versprach. Die Liebesheirat wurde zur Norm erhoben. Doch sie hat die Ehen nicht unbedingt glücklicher gemacht. Das Zeitalter des Individualismus stellt jeglichen Liebesgedanken, der in letzter Konsequenz Selbstaufgabe bedeutet, auf eine harte Probe. Die Suche nach Geborgenheit aber bleibt, auch in der vernetzten Welt von heute. Irgendwann fällt jeder aus seinem geklonten Himmel und sucht in seiner Unbehaustheit nach einem heimatlichen Strohhalm.

Am Adenauerplatz in Berlin steht ein unauffälliges Denkmal. Es zeigt einen alten Mann, der einen Hut in der Hand hält: Konrad Adenauer. Die Deutschen hätten allen Grund, stolz auf dieses Denkmal zu sein. Nicht nur, weil es sich um den ersten Kanzler der Bundesrepublik handelt, der zweifelsohne viel für das Nachkriegsdeutschland geleistet hat, sondern auch, weil dieses Denkmal in seiner Bescheidenheit auch und vor allem eines repräsentiert: den erfolgreichen Aufbau einer deutschen Demokratie nach mehreren erfolglosen Versuchen. Bescheidenheit auch jener Personen, die Machtpositionen innehaben, ist ein Zug, der das demokratische Nachkriegsdeutschland sympathisch gemacht hat und ihm überhaupt erst ermöglichte, die schwere Last seiner Geschichte zu tragen.

Über all dies macht man sich in Deutschland allerdings kaum Gedanken. Im Vordergrund stehen an Selbsthass grenzende und nimmermüde werdende Nörgeleien, ein Hadern mit sich selbst, mit deutscher Identität und deutschen Traumata. Kritisches Bewusstsein hat sich in Deutschland längst zu einer negativen Kraft entwickelt, die eine emotional positive Beziehung zu diesem Land erheblich erschwert.

Das Ausland schüttelt schon lange den Kopf über die Selbstzweifel der Deutschen. In keinem Land unterscheidet sich das Selbstbild so sehr vom Image im Ausland. Es ist eben ein Irrtum zu glauben, Deutschland würde immer noch so wahrgenommen, als sei Hitler noch an der Macht. Nein, große Teile der Welt nehmen die deutsche Nachkriegsgeschichte als Erfolgsgeschichte wahr, als eine unvergleichliche Aufbauleistung und das nicht nur im ökonomischen Sinne.

Nehmen wir Berlin, eine Hauptstadt, die in großen ökonomischen Schwierigkeiten steckt. Kaum eine andere Metropole auf der Welt ist so sicher wie Berlin. Zudem hat sich in den letzten Jahren hier eine Kulturszene etabliert, über die weltweit viel gesprochen wird. Und die deutsche Einheit? Es ist schier unglaublich, dass die Euphorie der ersten Stunde, die das historische Ereignis noch in seiner realistischen Dimension wahrnahm, heute verflogen ist. Vierzig Jahre war Deutschland geteilt, nicht wenige Menschen sind bei dem Versuch gestorben, von einem Teil des Landes in den anderen zu gelangen. Fast über Nacht wurde Deutschland wieder vereint, ohne Blutvergießen. Dieses Ereignis war das zweite deutsche Wunder, nach dem Wiederaufbau im Westen. Und unglaubliche Summen sind seitdem in den Aufbau des Ostens geflossen. Mancher Landstrich hat dort inzwischen die am besten entwickelte Infrastruktur Europas.

Doch nicht diese Tatsachen stehen in der Wahrnehmung der Deutschen im Vordergrund, sondern die hohe Arbeitslosigkeit und die Wirtschaftskrise. So als wäre sie allein selbstverschuldet, als gäbe es sie nicht auch woanders. Japan beispielsweise lebt seit einem Jahrzehnt in einer Rezession.

Es fehlt den Deutschen an Liebe zu ihrem Vaterland. Der Begriff Patriotismus wird zwar gern bemüht, allein es fehlt der Glaube daran. Die Deutschen wären vielleicht gern Patrioten. Weil sie es gern wären, sind sie es nicht. Es ist eben zu wenig, wenn sich das Deutschlandfieber ausschließlich auf das Fußballfeld beschränkt. In wichtigen politischen und sozialen Fragen versagt das deutsche Gefühl gänzlich. Das betrifft nicht nur das Thema deutsche Einheit, sondern auch das Phänomen der Einwanderung.

Die Deutschen wünschen sich zunehmend die Türken als deutsche Patrioten, bekennende Deutsche sollen die Anatolier werden. Sich beispielsweise in der Staatsbürgerschaft für die eine oder andere Seite entscheiden.

Doch ironischerweise deutet dieses Pochen auf das Deutschsein keineswegs auf eine patriotische Haltung hin. Denn die Deutschen verhalten sich dabei nicht wie Vorbilder, die nachzuahmen es sich lohnt. Vielmehr versuchen sie, sich den einzubürgernden Türken als einen besseren Deutschen vorzustellen. An ihm soll sichtbar werden, was man selber so schmerzlich vermisst und zu benennen nicht imstande ist, deutsche Identität und Bekenntnis zu Deutschland. Wenn dieses Projekt, wie zu erwarten ist, scheitert, kann man sich wieder getrost zurücklehnen und über das Leiden an Deutschland lamentieren. Die einen werden es tun, indem sie den Fremdenhass und den Rassismus geißeln, die anderen die Unfähigkeit der Türken, sich zu integrieren.

Feindbild Mischling
Über die Irrtümer der deutschen Integrationspolitik

Vierzig Jahre lang hat sich die deutsche Öffentlichkeit mit der lapidaren Feststellung, Deutschland sei kein Einwanderungsland, selbst betrogen. Jetzt droht erneut eine Phase der Selbsttäuschung, die mit dem Begriff der Integration operiert, allerdings so tut, als sei diese mit klaren Regeln, Erlassen und Verordnungen erreichbar. Die Sehnsucht nach Simplifizierung von komplexen Vorgängen ist verständlich, übersichtliche Lösungsangebote mögen Balsam auf die durch Einwanderung verängstigten und überforderten einheimischen Seelen sein. Doch sie sind nicht tauglich, um irgendein Problem zu lösen. Schlimmer noch, sie gaukeln der Öffentlichkeit Überschaubarkeit von Problemen und Beherrschbarkeit von Vorgängen vor, die in den nächsten Jahrzehnten eine enorme soziale, ökonomische und kulturelle Herausforderung darstellen werden.

In noch nie da gewesenem Ausmaß werden inzwischen weltweit Geldmengen, Güter, Menschen und Informationen versetzt. Dieser Bewegungsfluss stößt im menschlichen Bewusstsein und in den von ihm reflektierten gesellschaftlichen Strukturen auf Widerstand, der sich aus der Sehnsucht nach Eindeutigkeit des Vertrauten speist. Dieser Widerstand löst eine tiefreichende Krise aus. Denn der materiellen Globalisierung folgt auch eine geistige. Neben materiellen Ressourcen sind auch Bewusstseinsströme im Umlauf, kommen in Berührung, vermischen sich. Die Geschwindigkeit der Bewegung und des Umsetzens materieller Güter kann vom menschlichen Geiste allerdings kaum nachvollzogen, schon gar nicht imitiert werden. So übernimmt der Geist die Funktion eines Sehnsuchtsträgers, der Ordnung und Bodenständigkeit fordert und verspricht, im Gegensatz zum nomadischen Treiben der unaufhaltsamen materiellen Globalisierung.

Der Begriff Heimat beschreibt immer weniger einen bestimmten Ort, denn einen Geisteszustand, in dem sich das Vertraute in der Kopflandschaft und das Gegenwärtige in der Welt draußen treffen können.

In muslimischen Ländern drückt sich diese Sehnsucht nach Vertrautem durch einen immer gewaltbereiteren Desperado-Fundamentalismus aus. Manch einer hat die Brücken zum "verlogenen" Westen abgebrochen und dennoch Platz genommen in seinen Metropolen, deren zusammengebraute, vermischte Kultur, die keine abgesicherten "göttlichen" Wahrheiten mehr zulässt, er aber verabscheut.

In Europa dagegen ist ein Wiedererstarken eines mal lauter mal leiser artikulierten schleichenden Nationalismus unüberhörbar, der sich im Schatten phobischer Verhaltensmuster und Denkweisen entwickelt. In der Abgrenzung zur archaisch anmutenden islamischen Welt können diese Muster sich leicht als modernistische, quasi aufklärerische Positionen tarnen.

Wenn die Verheißung vom Wohlstand für alle nicht eingelöst werden kann, wie in Teilen der muslimischen Welt, oder nicht mehr so ergiebig zu erfüllen ist, wie in Europa, haben die Bauchredner der Eindeutigkeit noch stärkeren Zulauf. Ihre Überzeugungskraft und Anziehung speist sich aus der Kluft zwischen der erlebten Wirklichkeit, die für den Einzelnen nicht selten Wurzellosigkeit und Entfremdung bedeutet, und der dumpfen, heilen Welt, mit übersichtlichen Grenzen und Ordnungsstrukturen, die man nur im Gemeinschaftsgefühl längst aufgelöster oder sich in Auflösung befindender Gruppen finden kann. "Entweder - Oder" lautet dann die Devise. Simplifizierte Vorstellungen von Identität haben Konjunktur. Zwischen den kulturellen und nationalen Zugehörigkeiten sollen wieder klare Grenzen gezogen werden. Das ist ein Zugeständnis an die Sehnsucht nach der Ordnung des Vertrauten, aber kein brauchbarer Lösungsansatz für die Herausforderungen der Weltgesellschaft im 21. Jahrhundert.

Die Kluft, die das "Entweder - Oder" aufreißt, ruft inzwischen einen starken Konservativismus hervor, der keineswegs nur auf die rechten Ränder in der Gesellschaft beschränkt ist, sondern das Denken weiter Teile der

Bevölkerung, des konservativen Spektrums und auch der bürgerlichen Parteien herausfordert. In Deutschland drückt sich diese Geisteslage als vehementer Widerstand gegen den Prozess der Einwanderung aus, als geistig-mentale Xenophobie, verstärkt durch die historisch bedingte Unterdrückung des deutschen Nationalgefühls. In Frankreich ist es Ausdruck für gebrochenen Stolz, angesichts schwindender Macht auf der Weltbühne. Auch der islamische Fundamentalismus basiert auf einer Lehre der Purifizierung, für die Vermischung und Hybridisierung ein Gräuel ist, gleichzusetzen mit unreinem Glauben. Die säkulare Entsprechung dieser Geisteshaltung ist die ausgeprägte Phobie gegen jede Art von Doppelstaatlichkeit, Zwei- oder Mehrsprachigkeit, gegen Multikulturalität schlechthin. In Deutschland überschattet diese Phobie inzwischen den seit über vier Jahrzehnten laufenden Einwanderungsprozess und bedroht die zukünftige Wettbewerbsfähigkeit des Landes, sowie die Integration von Minderheiten in die Mehrheitsgesellschaft. Nach der jahrzehntelangen Leugnung des Einwanderungsprozesses tritt nun ein vom Geiste des "Entweder - Oder" geprägter Identitätsdiskurs die deutsche Einwanderungspolitik. Dieses Denken sieht überall dort, wo Überschneidungen Vielfalt produzieren, Gefahren und Konflikte. Bestehende Probleme werden aufgebauscht, Überfremdungsängste genährt; es wird an den Verteidigungswillen der Einheimischen appelliert. "Die Integration sei gescheitert" hört und liest man allenthalben. Dass eine solche Feststellung getroffen werden kann und breite Akzeptanz in den Medien und in der Öffentlichkeit findet, obwohl doch jedermann weiß, dass eine ernsthafte Integrationspolitik in Deutschland noch gar nicht praktisch umgesetzt worden ist, stellt die gesamte Debatte bloß.

In Wirklichkeit geht es nämlich gar nicht um die Integration von Fremden in die deutsche Gesellschaft. Es geht lediglich um eine einseitige Lastenverteilung. Lang ist inzwischen die Liste dessen, was der Einwanderer tun muss, um in Deutschland akzeptiert zu werden. Ein Übungsheft für die Einheimischen, für die Aufnahmegesellschaft aber sucht man vergebens.

Eine Gesellschaft, die aus einem "Zuwanderungsgesetz" ein "Zuwanderungsbegrenzungsgesetz" macht, ist keine Aufnahmegesellschaft. Bereits zu Beginn ist jegliche Aufnahme emotional negativ besetzt. Rational wissen wir, dass unsere Gesellschaft Zuwanderung braucht, emotional aber sind wir davon überzeugt, dass es zu viele Ausländer in Deutschland gibt. Fraglich bleibt auch, ob die emotional beladenen Kontroversen um Glauben, Muttersprache, Heimat und nationale Zugehörigkeit mit administrativen Maßnahmen gelenkt werden können.

Zugehörigkeit wird nicht durch Gesinnungstests geschaffen, sondern durch eine emotionale Nähe. Doch anstatt diese emotionale Nähe zwischen Einheimischen und Zuwanderern zu fördern, wird die Distanz durch kalte administrative Maßnahmen eher noch vergrößert. Bezeichnend ist auch, dass der Fremde im öffentlichen Diskurs, aber auch in seiner Alltagserfahrung mit der deutschen Mehrheitsgesellschaft ständig an seine Fremdheit erinnert wird. Die entscheidende Frage ist, ob es einen emotionalen Zusammenschluss zwischen Einheimischen und Zuwanderern geben kann. Anders formuliert, welche Bedingungen brauchen wir, damit sich der Zuwanderer mit der Aufnahmegesellschaft identifiziert, sich als ein Teil dieser Gesellschaft wahrnimmt? Schon wer einen Anfängerkurs in Psychologie besucht hat, weiß, dass der erste Schritt nicht sein kann, den Zuwanderer von der Minderwertigkeit seiner Kultur überzeugen zu wollen. Mit einer solchen Strategie löst man nur Abwehrreaktionen aus. Außerdem wird in derartigen Kulturdebatten meistens mit einem statischen Kulturbegriff operiert, wiederum ein Zugeständnis an die Sehnsucht nach dem Vertrauten, der in unserer globalisierten Welt vollkommen unbrauchbar geworden ist.

Eine erfolgsorientierte Aufnahmegesellschaft braucht also als ersten Schritt den Willen und die Bereitschaft zur Aufnahme. Zweitens, sie braucht Zuwanderer, die sich auch als solche begreifen, das heißt, die sich nicht nur von der Konjunktur treiben lassen, sondern die den Wandel, dem sie ausgesetzt sind, auch reflektieren und kreativ gestalten. Zum verlogenen Ritual der Integrationsdebatten gehört die Standardaussage, die Einwanderer sollten selbstverständlich ihre Kultur behalten. Man kann eine Kultur aber nicht behalten oder veräußern wie eine Immobilie. Kulturen sind einem permanenten Wandel ausgesetzt. Entscheidend ist, wie dieser Wandel gestaltet wird. Fühlt man sich lediglich als Objekt, als Opfer, oder als Architekt und Schöpfer, als Material, das geformt wird oder als derjenige, der das Material formt oder zumindest verarbeitet?

Einheimische und Zuwanderer müssen flexibler aufeinander zugehen, in Konfliktsituationen pragmatischer und lösungsorientierter sein. Dies alles ist weder durch Gesetze noch durch Verordnungen zu schaffen. Vielmehr sind die Zivilgesellschaft und die Kulturpolitik herausgefordert. Wie kann das Vertrauen zwischen Einheimischen und Zuwanderern gestärkt werden? Ohne Vertrauen gibt es keine Anziehungskraft, die zur Identifikation führt. Dass in Deutschland geborene und aufgewachsene Fußballtalente regelmäßig in der türkischen und nicht in der deutschen Nationalmannschaft landen, ist ein Beleg dafür, wie unterentwickelt die Identifikation der Zuwanderer mit der Aufnahmegesellschaft ist. Richtig, ein Großteil der Türken in Deutschland wollen Türken bleiben. Richtig aber ist auch, dass ein Großteil der deutschen Gesellschaft sich den Türken als Deutschen nicht vorstellen kann. In dieser festgefahrenen Situation kommt man nur weiter, wenn man beide Seiten der Medaille betrachtet und eine pragmatische und keine ideologische Analyse der Situation anstrebt. Fakt ist: in Deutschland leben inzwischen viele Menschen fremder Herkunft, Menschen, die wegen der wirtschaftlichen und sozialen Umstrukturierung nun nicht mehr gebraucht werden. Nicht wenige dieser Menschen kommen aus ländlichen Regionen und pflegen archaische Sitten und Moralvorstellungen, die in eine offene, liberale, postindustrielle Gesellschaft nicht passen. Sie haben in Deutschland in den unteren Sphären der sozialen Skala Platz genommen, mit geringen Aufstiegschancen. Dass das deutsche Bildungssystem für Kinder aus sozial schwachen Familien nicht gerade aufstiegsfördernd arbeitet, ist kein Gerücht, sondern durch zahlreiche Untersuchungen belegt. Eine pragmatische Integrationspolitik würde genau dort ansetzen. Dass Mädchen und Frauen in unserer

Gesellschaft nicht diskriminiert werden dürfen, ist ein hohes Gut; wer das nicht akzeptieren mag, sollte sich besser anderswo niederlassen. Doch die Zwangsteilnahme muslimischer Mädchen am Schwimmunterricht verbessert nicht automatisch die Qualität des deutschen Schulsystems. Glaubt man ernsthaft, mit dem Verbot der türkischen Sprache auf Schulhöfen einen guten deutschen Sprachunterricht ersetzen zu können? Welches Verständnis von Sprache verbirgt sich eigentlich hinter einem solchen Denken? Sprache ist nicht nur ein Instrument zur Verständigung, sie ist der Ort, an dem sich menschliches Bewusstsein und das Unbewusste treffen. Türkisch und Deutsch treten in Deutschland nicht gegeneinander an. Denn allzu oft gewinnen oder verlieren sie gemeinsam. Wer möchte, dass die Türken besser deutsch sprechen, müsste sich dafür einsetzen, dass in Deutschland ein besseres Türkisch gesprochen wird. Denn nur auf der Grundlage einer gefestigten Muttersprache lassen sich weitere Sprachen lernen. Solange Türkisch und nicht Deutsch die Muttersprache der Türken in Deutschland ist, und das ist nach wie vor so und lässt sich auch nicht auf Schulhöfen ändern, verspricht allein die Erziehung zur Zweisprachigkeit Erfolg. Sie darf aber nicht so halbherzig umgesetzt werden wie bis jetzt. Kultur- und Sprachpurismus ist nichts anderes als Ideologie, fern jeder pragmatischen Lösung von Problemen. Ideologen, die von Assimilation träumen, werden ebenso scheitern wie Verfechter "autonomer" Kulturen.

Die Vermischung des Deutschen, das immer ein relativ unklarer Begriff der Identität geblieben ist, mit "undeutschen", fremdartigen kulturellen Elementen ist längst Alltag in Deutschland. Längst gibt es die muslimische Lehrerin, mit oder ohne Kopftuch; der Glaube ist kein Tuch, das man ablegen kann. Längst gibt es Künstler, die in ihren Filmen und Büchern Geschichten erzählen, die ein Deutscher so nicht erzählen könnte. Doch sind sie mitnichten Ausländer, die Deutschland lediglich eine Stippvisite abstatten. Sie sind inzwischen Einheimische – und werden dennoch allzu oft als Fremde angesehen.

Die Relativierung von Grenzen aber setzt einen anderen Umgang mit

Begriffen wie "das Eigene" und "das Fremde" voraus, die auf eine vorbestimmte, wie auch immer fixierte Grenze verweisen. Sie fordert auch eine Flexibilität im Umgang mit Perspektiven. Das ist keineswegs eine leichte Übung. Denn da, wo die Standpunkte verschwinden, ist auch die Perspektive aus vorbestimmten Standpunkten verschwommen. Der Blick ist mal getrübt, mal gebrochen, vieles am anderen bekannt, und manches im Eigenen fremd.

Dieses Aufbrechen der eigenen Identitätssphäre empfinden viele Menschen und zwar Einheimische wie Zuwanderer, nicht als Bereicherung, wie das so oft in multikulturell bewegten Pamphleten gepriesen wird, sondern als ausgesprochen unangenehm, ja als Bedrohung, mitunter als Aggression. Dieser Prozess wird dann so erlebt wie ein Eingriff in die Privatsphäre.

Mit dem wunderbar altmodischen Satz: "Es wächst jetzt zusammen, was zusammengehört" beschrieb Willy Brandt einst die deutsche Wiedervereinigung. Damit traf er die emotionale, nationale Stimmung des Jahres 1990, verfehlte aber vollkommen die Herausforderung der Zukunft, die schon 1990 in aller Nacktheit vor das Auge trat. Es wächst inzwischen nämlich zusammen, was nicht zusammengehört. Und dieses Zusammenwachsen wird von Menschen ganz unterschiedlicher Couleur als eine Bastardisierung im negativen Sinne, ja als eine Ordnungswidrigkeit angesehen. Diese Ablehnung des Zwitterdaseins auf der Grundlage eines neuen Purismus ist eine gefährliche und im Volksbewusstsein tief verwurzelte Ideologie mit lange währender Tradition. Dass dieser neue Purismus den Bedingungen der Globalisierung nicht standhalten wird, macht ihn nicht weniger gefährlich. Vielmehr wird er in der derzeitigen Phase des Umbruchs zum Auffangbecken autoritärer Denkmuster, die unter bestimmten Bedingungen Demokratie und freie Gesellschaft bedrohen können.

Die Kritik an der Globalisierung, so berechtigt sie sozialökonomisch sein mag, hat eben auch eine kulturelle Basis, die strukturell gesehen nicht mit politischen Links-Rechts-Schemata erklärt werden kann. Die gefühlte Kälte der Arbeitslosigkeit und der sozialen Verwahrlosung ist das eine, die Angst vor Überfremdung und nationalem Standortverlust das andere. Ersteres lässt sich vielleicht noch rational ansprechen, letzteres aber bleibt im Graubereich emotionaler Werte stecken und ist immer eine schwer eingrenzbare, leicht manipulierbare Zone. Die im Zuge materieller Globalisierung vernachlässigten Gefühlsmomente hallen dort nach und können zu Stimmungsträgern einer geistigen Krise werden.

Eine Wertedebatte, die weiter geht als nur um den Sozialstaat und den Begriff der Solidarität, ist heute wichtiger denn je. Diese Debatte müsste sich dem möglichen Freiheitsstreben des menschlichen Individuums unter den Bedingungen der Globalisierung widmen, um den Einzelnen aus seiner geistigen Isolation zu befreien. Zumindest müssten solche Möglichkeiten eines freiheitlichen, auf Recht und gegenseitiger Anerkennung beruhenden Umgangs mit dem Anderen und dem Andersdenkenden neu ausgelotet werden.

Die abendländische Tradition der Xenophobie, die im 19. Jahrhundert in rassistischen Theorien gipfelte, und der muslimische Fundamentalismus in der Moderne sind ähnlich strukturiert. In der Abgrenzung zum anderen und in dessen letztendlicher Vernichtung suchen sie die Rekonstruktion von Grenzen und homogenen Identitäten, die nicht mehr bestehen. Feindbild ist der Mischling, das verunreinigte Wesen. Ein Auffrischen religiöser und nationaler Mythen zum Zwecke der Reinheit taugt allerdings wenig als Gegenmittel zum Durcheinander der Zeit. Vielmehr verstärkt es die Kluft zwischen der unübersichtlich gewordenen Wirklichkeit, den hybriden Strukturen mit immer durchlässigeren, schwer definierbaren Grenzen und jener menschlichen Sphäre, die rational nur schwer erreicht werden kann und die sich nach Eindeutigkeit, Ganzheit und Einkreisung sehnt.

Von dieser Kluft aus gibt es dann immer wieder Ausbrüche von Irrationalität, die in Zukunft noch schwieriger zu kontrollieren sein werden als heute. Nach wie vor wird unterschätzt, wie sehr globale Ereignisse in der medial vernetzten Welt auch die Welt im kleinen gestalten. Das Internet ist längst zu einer Ersatzfamilie geworden. Jene Generation, die am Bildschirm sitzt, ist den Widersprüchen der Wirklichkeit und den Fiktionen von Wahrheit unmittelbar ausgeliefert, ist nirgendwo und überall zu Hause. Was im positiven Fall Informationsvielfalt und Wissensvermehrung bedeutet, bringt auch eine stärkere, vor allem schnellere Manipulierbarkeit mit sich. Im Internet kann man sich besoffen spielen, sich über den letzten Stand der Gentechnik informieren oder aber von einer Terrororganisation anwerben lassen.

Erweiterte Geschmäcker
Plädoyer für eine neue Kulturpolitik

Deutschland pflegt historisch bedingt Sonderbeziehungen zu seinen Nachbarstaaten Frankreich und Polen. Eine ähnliche Sonderstellung in der deutschen Außen- und Kulturpolitik müssten auch die Beziehungen zur Türkei einnehmen, in diesem Fall nicht historisch bedingt, sondern gegenwartsbezogen. Einiges deutet daraufhin, dass diese Notwendigkeit von den politischen Entscheidungsträgern beider Länder endlich auch verstanden wird, nicht als Entwicklungshilfe an die Türkei, sondern als existentielles Interesse Deutschlands. Die wirtschaftlichen und kulturellen Beziehungen zur Türkei sollen intensiviert und engmaschiger geknüpft werden. Von Kanzlerin Merkels ursprünglich entschieden ablehnender Haltung gegenüber einer türkischen EU-Mitgliedschaft war in letzter Zeit nicht mehr viel zu hören. Das ist auch gut so, denn nur auf diese Weise kann es zu einer Bewegung in der Integrationsfrage der Türken in Deutschland kommen.

Die bisherigen Ansätze, die vor allem in einer Fremdheitsrhetorik fußten, reißen dagegen unüberwindbare Gräben auf, stärken die Distanz und die Unvereinbarkeit der Kulturen. Gerade aufgrund der modischen Kulturkampf-Stimmung führt eine Strategie der Abschottung und Ausgrenzung in eine gefährliche Zone gegenseitiger Entfremdung und erschwert somit die Akzeptanz der türkischen Wohnbevölkerung in Deutschland; sie schwächt aber auch deren Bereitschaft, in ein vertraulicheres Verhältnis zur deutschen Gesellschaft zu treten.

Ob mit oder ohne deutschen Pass, die Beziehungen dieser Menschen an ihr Herkunftsland sind eng, und sie werden auch in naher Zukunft eng bleiben. Das mag manchen stören, der unter Integration eine einseitige Orientierung an die Gesellschaft und Kultur Deutschlands versteht. Mit einer gut abgestimmten Türkeipolitik bietet sich jedoch auch manche, bislang wenig genutzte Chance. Gemeint ist hier nicht in erster Linie die Wirtschaftspolitik. Schon heute ist Deutschland mit Abstand der wichtigste Handelspartner der Türkei, die deutschen Unternehmen haben einen Spitzenplatz unter ausländischen Investoren. Natürlich ist das alles auch wichtig für den deutschen Arbeitsmarkt. Aber ein ganz anderes Feld drängt sich hier auf: Das Feld der Kulturpolitik, das in Identitätsfragen und in Fragen der Geschichtsaufarbeitung hineinreicht.

Allmählich scheint sich die Erkenntnis durchzusetzen, dass der Dialog der Kulturen sich nicht in der Organisation von Konferenzen erschöpfen darf, auf denen sich Fachleute treffen. Vielmehr geht es um kulturelle Projekte, die von Deutschland und von der Türkei aus gemeinsam geplant und angeschoben werden. Sie sollen möglichst breite Gesellschaftsschichten erreichen, vor allem die Jugend. In den Außenministerien beider Länder wird derzeit an solchen Projekten gearbeitet. Ebenso wird die vom Bundesinnenminister Schäuble für den Herbst 2006 angekündigte Islamkonferenz nur dann wirklich Erfolg haben, wenn Erfahrungen aus der Türkei in diese mit hineinfließen. Die Vereinbarkeit zwischen westlicher Lebensweise, Demokratie und islamischer Religion wird in der Türkei seit fast einem Jahrhundert eingeübt und steht heute auch dort auf dem Prüfstand.

Vor allem viele Politiker in der CDU/CSU haben sich lange gegenüber einer engen kulturellen Zusammenarbeit mit der Türkei verschlossen. Aber auch im linken Spektrum gab es viele Bedenken. So unterschiedlich die kulturellen und politischen Motive der Ablehnung waren, das Ergebnis war dasselbe, nämlich eine Stärkung der Entfremdung zwischen Deutschland und der Türkei, zwischen Deutschen und Türken. Lange Zeit glaubte man tatsächlich, bei der Integration türkischer Staatsbürger in Deutschland auf die Türkei verzichten zu können. Eigentlich hoffte man insgeheim, dass möglichst viele von ihnen wieder zurückkehren würden in die ursprüngliche Heimat. Deutschland sollte keine Heimat für sie sein. Davon aber geht heute niemand mehr aus. Und es sieht auch so aus, das zeigen Erfahrungen in anderen

Ländern, als ob schrille Assimilationsforderungen keinen Erfolg haben würden.

Statt dessen muss an einer behutsamen und nüchternen Annäherung zwischen zwei Völkern gearbeitet werden. Zwei verspätete Nationen, mit einer Reihe von traumatischen Erfahrungen in ihrer Geschichte, starken Identitätsphantasien und Frakturen, treffen hier aufeinander. Zwischen ihnen gibt es noch große Mentalitätsunterschiede, die oft vorschnell und fälschlicherweise nur auf die unterschiedlichen Glaubenswelten zurückgeführt werden.

Im Alltag aber gelingt dennoch manches, was in den bemühten Integrationsdebatten oft verloren zu gehen droht. Die Türken haben Deutschland kulinarisch und künstlerisch stark verändert. Sowohl in der Küche als auch in der Literatur und in der Filmkunst weht inzwischen ein opulenter türkischer Wind, der mehr ist als nur eine ethnische, folkloristische Färbung. Er führt zunehmend zu einer Veränderung des Geschmacks, vielleicht auch zu einer Erweiterung des Geschmacksinns. Und natürlich beeinflusst auch das mülltrennende, umweltbewusste, pazifistische Deutschland die Türken. Die deutschen Nachkriegserfahrungen, die Debatten um die deutsche Geschichte mit ihren selbstkritischen, aber auch kathartischen Ansprüchen gehen auch an den hiesigen Türken nicht spurlos vorbei. Wie aber bringt man den türkischen Nationalstolz, den Hang zum Militarismus, die unkritische Haltung gegenüber Autoritäten mit den Erfahrungen aus der deutschen Geschichte zusammen? Schon allein diese Frage verdeutlicht, wie wichtig eine deutsch-türkische Tuchfühlung, eine konsequente kulturelle Kommunikation zwischen Deutschland und der Türkei heute ist.

Mehr denn je wird heute ein Schlüssel gesucht, der emotionale Räume öffnet, in denen sich sowohl Deutsche als auch Türken wiederfinden können. Der Schlüsselbegriff zur Integration lautet Identifikation. Große Sportereignisse machten es allerdings immer wieder deutlich, wie weit fahnenschwenkende Deutsche und Türken bislang noch voneinander entfernt waren. Halbmond und Adler passten noch nicht so recht zusammen. Bei der

Fußballweltmeisterschaft 2006 aber hat sich nun ein ganz anderes Bild gezeigt. Viele Türken gesellten sich zu den Deutschen und fieberten mit dem deutschen Team mit. "Deutschland ist auch unser Land," war der herrschende Tenor. Dennoch, dasselbe Land zu teilen, bedeutet nicht automatisch am Patriotismus des Anderen teilzunehmen. Patriotismus ist derzeit in Deutschland in aller Munde. Die durch Weltkriege und Verbrechen in deutschem Namen geschundene deutsche Seele ist auf der Suche nach einem neuen Selbstbewusstsein. Ein Selbstbewusstsein, das sich nicht gegen andere richtet, sondern für sich selbst steht. Für ein solches geläutertes Selbstverständnis könnte die erfolgreiche Nachkriegsgeschichte Deutschlands Impulsgeber sein.

Doch es gibt auch andere Zeichen und Signale. Die "Türkendebatte" in Deutschland bekommt zu oft einen falschen Ton. Die Integrationsforderung an die Türken wird zumeist an ihre Integrationsunwilligkeit gekoppelt. "Die Türken wollen sich nicht integrieren", heißt es immer wieder in politischen Verlautbarungen. Als wäre auf einer geheimen Türkenkonferenz eine solche Entscheidung gefallen. Richtiger dagegen wäre zu sagen, die Vorstellungen über Integration gehen auseinander. Deutlicher nämlich müsste dann auch die Frage gestellt werden, ob es heute schon so selbstverständlich ist, mit türkischen Namen als Deutscher zu gelten. Was von den Türken heute zunehmend gefordert wird, ist eine einseitige Orientierung Richtung deutsche Gesellschaft und Kultur. Aber welches Deutschland ist das Ziel?

Das Deutschland in manchen Köpfen weicht von dem realen Land draußen oft erheblich ab. Dieses Deutschland ist noch ziemlich homogen, es hat noch nicht verarbeitet, dass die Wurstbude mit dem Dönerstand eine starke Konkurrenz bekommen hat. Ein gesunder deutscher Patriotismus kann nur dann entstehen, wenn die durch Zuwanderung entstandenen Veränderungen Zugang zum deutschen Bewusstsein finden, wenn sie dort Platz nehmen, so wie der Zuwanderer in deutschen Städten Platz genommen hat. Dem aber steht ein Gefühl der Überfremdung entgegen. Hier sind die Zuwanderer gefordert. Sie müssen diese Gefühle ernst nehmen und auch mitarbeiten, um sie abzubauen. Ein verdrängtes, durch den Schuldkomplex im Zaum gehaltenes deutsches Nationalgefühl bietet kein sicheres Fundament mehr. Die Gefahr, dass sich aus seiner Verdrängung heraus ein labiles Selbstverständnis entwickelt, ist gegeben. Aus der Labilität heraus wachsen gefährliche extreme Gefühle der Selbstbezichtigung und Selbstverherrlichung. Und fast immer richten sich diese Gefühle gegen andere.

Auf der Suche nach der deutschen Hauptstadt

Ich bin umgezogen und lebe jetzt wieder in einem der besseren Viertel von Berlin. Meine Wohngegend mit ihren ordentlichen Grünanlagen, den passantenarmen Straßen, gepflegten alten Villen und anspruchsvollen Neubauten erinnert ich mich an meine Münchner Zeit, an meine Kindheit und Jugend, die ich im wohlhabenden Süden dieser aufgeräumten Stadt verbrachte. Dort war die Luft weniger verschmutzt als in der Innenstadt, roch vor allem im regennassen Frühling nach Wald und Wiesen, die Häuser waren schweinsrosa oder himmelblau angemalt, standen hinter hohen Hecken, umgeben von gepflegten Gärten. Und die Menschen hatten manche Ähnlichkeit mit den Illustrationen aus einer Ausgabe von Grimms Märchen, die ich, des Lesens noch unkundig, in der Türkei geschenkt bekommen hatte.

Meine Tante hatte dieses Märchenbuch aus Wien, wo sie damals studierte, mitgebracht und pflegte mir daraus vorzulesen. Ohne den deutschen Text zu verstehen hatte ich dennoch großen Spaß daran, ihr zuzuhören. Denn meine Tante verwandelte sich beim Vorlesen auf deutsch in eine andere Person. Ihr verdanke ich vielleicht meine Offenheit gegenüber der deutschen Sprache, die mir später beim Erlernen zugute kam. Sie war meine Lieblingstante, und die Sprache, die sie zu einer Fremden machte, verdiente Aufmerksamkeit.

Diese Sprache hörte sich nach meiner Ankunft in München allerdings ganz anders an, und ich habe lange gebraucht mich überzeugen zu lassen, dass es sich um die gleiche Sprache handelte, in der meine Tante mir damals vorgelesen hatte. Dabei gibt es durchaus Verbindendes. Wer die deutsche Sprache durch die Wiener oder die Münchner Hintertür betritt, kann nicht anders, als gut gelaunt, ja gar leicht beschwippst, durchs Leben zu ziehen.

Der Esprit dieser Zungenschläge verrät die spitzbübische Verschlagenheit der sprechenden Charaktere, eine Lebensart, die voll zur Geltung kommt, wenn Festlichkeiten anstehen.

So habe ich nicht lange gebraucht um zu begreifen, dass mit "Ballsaison" hier nicht etwa der Beginn der Fußballliga gemeint war, sondern festliche Tage, immer wieder kehrende Jahrestage körperlicher Züchtigung anderer Art. Um ein Haar wären meine Eltern nach Wien gezogen und aus mir wäre ein Tänzer statt ein Dichter geworden. In Wien nämlich sind auch alle Dichter Tänzer. In München verhält es sich umgekehrt, worunter vor allem das Niveau der Dichtung leidet. Kaum eine öffentliche Veranstaltung, bei der nicht irgendjemand einen Vers rezitiert, zur Not auch einen eigenen.

Fast alle Revolutionen mussten in München abgebrochen werden, so auch in Wien, weil die Ballsaison anfing. Hier brauchte das Bürgertum sich gar nicht mutig vor der Arbeiterschaft aufzubauen, wie es die Lübecker Senatoren zu Zeiten der Buddenbrooks tun mussten, es reichte immer aus, die Festsäle zu schmücken.

Und irgendwann, als schwere Zeiten anbrachen, schmuggelte man einen schmierigen Agenten unter das unruhige Volk, einen Arbeiterführerimitator, der es im wirklichen Leben lediglich bis zum Gefreiten gebracht hatte. Eine fatale Kunstfigur, die sich wie ein aus der Kontrolle geratener Roboter auf seriellen Mord spezialisierte.

In Wien lebt man inzwischen wieder gut. So auch in München. Denn die Lebensfreude, die liegt doch gewissermaßen im Blut. Was habe ich dann in Berlin zu suchen, in der Hauptstadt der Schmerzen?

Ich bin der einzige aus meinem Bekanntenkreis, der das sonnige, gemütliche, herzerwärmende München verlassen hat, um nach Berlin zu ziehen. In die mürrische, novembersüchtige Stadt. Ich habe meine Gründe, meine Freunde haben ihre. Sie vermuten, ich sei ein Masochist, den es an den Ort größtmöglicher Pein zieht. Sie haben keine Ahnung, wie enttäuscht ich in dieser Hinsicht bin. Denn Berlin ist zwar voller Masochisten, bloß fehlen die Peiniger. Mit dem Fall der Mauer sind auch die Letzten abgezogen.

Man ist als Züchtling einsam und verlassen, fühlt sich unbeachtet, und alle Kreativität wird darauf verwandt aufzufallen, und sei es nur durch besonders geschmacklose Kleidung.

Nachdem ich in Berlin seit Jahren vergeblich nach meinem Traumberlin, einer Kreuzung zwischen Moskau und Buenos Aires, nach Tangotänzern in schweren Pelzmänteln oder zumindest mit Pelzimitatmützen gesucht habe, beschloss ich, wieder nach Deutschland zurückzukehren. Und das kann man hier eben mühelos: Man zieht von einem Stadtviertel ins andere, von Kreuzberg nach Schmargendorf um.

Ohne die Stadt verlassen zu müssen, ist man binnen weniger U-Bahnminuten in einer anderen Welt, nämlich in jenem Deutschland, das sich bejahrte Liebhaber dieses Landes mit schwärmerischer Disziplin in Erinnerung behalten haben. Dieses Deutschland in Berlin, das gibt es wirklich. Noch ist es sogar bevölkert, wenn auch spärlich, von Menschen, die sich nicht entscheiden konnten zwischen einem Leben in der Provinz und in einer Metropole. Ich nenne sie "Propolen", bis ich darauf aufmerksam gemacht werde, dass dieses authentisch deutsche Bevölkerungspotential dadurch fälschlicherweise mit den in der Stadt ebenfalls zahlreich vertretenen Polen verwechselt werden könnte. Nichts wäre mir unangenehmer als das. Ich möchte weder meinen neuen deutschen Nachbarn noch den Polen zunahe treten. Also verzichte ich darauf, ihnen Namen zu geben. Ich werde hier ja auch nicht als Türke gehandelt. Sogar meine Frau, durch ihren Akzent und ihren zierlichen Körperbau auffallend türkisch, hält man für eine Italienerin. Wahrscheinlich, weil sie sich elegant kleidet und kein Kopftuch trägt. Was kann einem also Besseres passieren, als unentdeckt hier zu leben?

Neulich wartete ich an der Haltestelle vor meinem Haus auf den Bus. Da fuhren plötzlich Polizeiautos vor, die Straße wurde abgesperrt, und wenige Augenblicke später raste eine Wagenkolonne mit schwarzen Limousinen vorbei, die Scheiben abgedunkelt, so dass man das Brautpaar nicht erkennen konnte. Ein älterer Mann, der neben mir wartete, erklärte mir die Situation: "Das war der Bundeskanzler auf dem Weg in die jordanische Botschaft; er speist heute mit dem König zu Mittag". Das ist wieder typisch dachte ich mir, ich bin schon ganz verwildert im Kopf; wenn ich Wagenkolonnen sehe, kann ich nur an türkische Hochzeiten oder Fußballspiele denken, dabei sind wir hier in der deutschen Hauptstadt, und viele wichtige Menschen leben hier. Sie brauchen ihre gepanzerten Fahrzeuge, eine Wagenkolonne, die an Leichenzüge erinnert, und die Polizei, um sich im chaotischen Berliner Alltag zurecht zu finden.

Ich fühle mich immer wohler im Berliner Südwesten. Die Menschen kommen mir so freundlich vor. Ihre Gesichter sind offen wie Schmöker, in denen man gerne blättert. Und die berühmt-berüchtigte Berliner Schnauze hat hier meistens vier Beine. Dabei fällt mir auf, je älter die Menschen umso lauter ihre Hunde. Das war in Kreuzberg genau anders herum. Den Tieren geht also gut hier. Sie haben eine Stimme und finden Gehör. Im Durchschnitt kümmern sich jeden Tag sechs Menschen um ein Tier. Der Pudel meiner Nachbarin zum Beispiel hat mich (meine Frau fällt aus, sie hat Angst vor Hunden), den Zeitungshändler, den Bäcker, den Metzger, die Apothekerin und sein Frauchen, eine gesprächige, resolute Dame in den Achtzigern, die am liebsten von ihren früheren Skiausflügen in Tirol berichtet, damals noch auf Holzskiern, und "als Österreich noch deutsch war", wie sie immer hinzufügen pflegt.

"Jetzt ist nicht einmal mehr Berlin deutsch. Berlin ist nicht mehr in Berlin."

"Aber hier geht's doch noch einigermaßen; machen Sie mir doch unser Viertel nicht madig, als sei mein ganzer Umzug umsonst gewesen," widerspreche ich ihr, was ich sonst aus Gründen des Selbstschutzes eher selten tue, und fahre im selben Atemzug fort, bevor sie mir ins Wort fallen kann, "ich bin doch gerade hierher gezogen, um in Berlin so zu leben wie in Deutschland."

"Ja, noch", sagt sie, "noch können Sie das, aber wir sterben ja aus, und es ist nur eine Frage der Zeit, bis das fremde Gesinde auch hier alles übernimmt."

Vielleicht sagt sie auch Gesindel statt Gesinde. Ich höre manchmal schlecht.

Dichter gibt Auskunft

Else Lasker-Schüler

Else Lasker-Schüler zählt zu den ersten jüdischen Frauen in Deutschland, die aus dem Salon ausbrechen und in die Natur gehen. Die Reise in die Natur endet in Israel. Schon in Berlin erscheint Jerusalem als poetische Inspirationsquelle im Leben der Dichterin, die, in orientalischer Kluft, den preußischen Mantel abgeworfen hat. Was treibt die Träumerin der Sprache? Die warme Eleganz und die subtile Ironie in Else Lasker-Schülers Sprache, das Bekenntnis zum jüdischen Erbe und die Identität als Frau gehören zusammen. Das Umfeld im preußischen Berlin bleibt ambivalent: Der Spazierstock des Flaneurs und die Bajonette der Militärs umkreisen die Klausen der Künstler, die wie Goldsucher in die Stadt strömen, einander suchen und hämisch liebkosen. Unrast ist der Rhythmus des Ortes und der Zeit. Heimisch wird man nur in Gedanken, an einem fremden Ort. Das Jüdische ist in Else Lasker-Schülers Poesie, das verwundbare Innere, das geschlossene und immer wieder aufbrechende Geschlecht.

Von Berlin nach Jerusalem. Heimat verlassen und keine Heimat finden. Deutsch ist auch eine jüdische Sprache, das jüdische Deutsch, nicht zu verwechseln mit dem Jiddischen, eine Provokation für alle deutschtümelnden Ignoranten, die sich ein Deutschland ohne die Juden wünschen. In den zwanziger Jahren des vergangenen Jahrhunderts erreicht die jüdische Kultur in Deutschland einen nie gesehenen Höhepunkt. Die sogenannte "Symbiose" scheint gelungen. Ihr Verlust undenkbar. Doch das vom Anderen nicht mehr zu Trennende ist nicht versichert gegen die Selbstverstümmelung des Anderen.

Für Else Lasker-Schüler ist das "Hebräerland" nach 1933 keine poetische Insel, sondern Zufluchtsort. Doch heimisch war und wurde die rastlose Dichterin nirgendwo. Das Jüdischsein konnte keine deutsche Lebensart werden. Es wurde dennoch zu einer deutschen Denkweise, die poetische und philosophische Gedanken von unvergleichlicher Schönheit hervorbrachte. Wenn das Babylon im Berlin der zwanziger Jahre eine Muttersprache hatte, dann war es die Sprache der Dichter mit jüdischen Wurzeln. Doch auch dies ist eine Menschheitserfahrung: Die babylonische Zeit ist immer nah dem Weltende:

"Es pocht eine Sehnsucht an die Welt,
An der wir sterben müssen."

Nelly Sachs

Als ich die Gedichte von Nelly Sachs entdeckte, war ich Paul Celan schon längst begegnet. Er führte mich zu ihr. Zwischen Paris, wo Celan lebte, und Stockholm, dem Zufluchtsort von Sachs, erstreckte sich der "Meridian des Schmerzes". Er führte mitten durch Deutschland. Ihn hier zu berühren fiel beiden Dichtern schwer. Dieser Schmerz, für den sie eine Bleibe suchten, fand seinen Ausdruck in der deutschen Sprache, in der beide ihre Gedichte verfaßten. Kann Sprache lindern, was Körper und Seele durch Verwundung spüren?

Jeder Dichter schreibt irgendwann im Laufe seines Lebens ein Schlüsselgedicht. Bei Paul Celan ist dieses Gedicht die *"Todesfuge"*. Bei Nelly Sachs ist es *"Chor der Waisen"*. In einem Brief vom 7. Mai 1960 schreibt Celan an die Dichterin: "Von diesem Gedicht her kenne ich Sie... Da fand ich Sie, Nelly Sachs." Celan und Sachs sind sich in diesem Gedicht wahrscheinlich so nah wie nirgendwo sonst.

"Wir Waisen liegen auf den Feldern der Einsamkeit."

Beide Dichter fühlten sich zeit ihres Lebens bedroht, litten unter Verfolgungsangst, die wahnhafte Züge annehmen konnte. Sie waren gezeichnet von einem Riss in ihrem Leben, der sie von ihren Liebsten und ihrer Heimat fortgerissen hatte, sofern es eine Heimat jemals wirklich gab. Für die Berlinerin Nelly Sachs und den Czernowitzer Paul Celan gab es keine Rückkehr mehr nach den Verwüstungen der Nazis. In doppelter Hinsicht waren sie Waisen. Verloren hatten sie nicht nur das Vaterland, sondern den Vater und das Land.

"Welt warum hast du uns die weichen Mütter genommen
Und die Väter, die sagen: Mein Kind du gleichst mir!
Wir Waisen gleichen niemand mehr auf der Welt!"

Der Hybride, so beschreibt das hier Nelly Sachs, ist immer auch ein Waisenkind. Denn es gibt kein Vorbild für ihn, und das Bild, das andere sich von ihm machen, bleibt immer unvollständig. Wer den Vater durch Mord, wer die Tradition durch Verbot und Vertreibung verliert, wird bitter, sehnsüchtig. Der Schmerz des Überlebenden ist die Nahtstelle zu den Toten, die Verlängerung und Steigerung ihrer Schmerzen ins Unerträgliche. In den Gedichten der Nelly Sachs ist diese Anstrengung spürbar. Die Luft, die dem Atmenden abgeht, wird der Sprache abgerungen. Kann sie die Nachkommen versorgen?

Brief an Heinrich Heine

Lieber Heinrich Heine,

es ist Winter in Deutschland, ein strenger Winter. Doch Reisen sind nicht mehr so beschwerlich wie zu deiner Zeit. Von der Grenze zu den Franzosen bis nach Hamburg braucht man nicht einmal fünf Stunden mit der bequemen Eisenbahn. Und die Grenze sieht heute auch ganz anders aus. Sie ist offen, keine Zöllner mehr, Frankreich und Deutschland sind zwei Staaten im Vereinten Europa. Wie sehr hättest du dich darüber gefreut.

Wie aber sieht es aus, wenn man durch die deutschen Lande reist? Wenn ich, einhundertfünfzig Jahre nach dir, nach Hamburg komme, in deine Heimatstadt? Heimat, was für ein überladenes Wort. Und für dich erst, der du ein Außenseiter warst ein Leben lang, gefeiert und verjagt aus deinem geliebten Land. Heimat ist vielleicht der Ort, um den man sich Sorgen macht. An den man sich erinnert aus der Ferne, und was nicht ist, erscheint um so stärker vor dem inneren Auge, Bilder von Gassen, die fehlen und ein Haus, wo man ein Mädchen geküsst. Ja, wir sind bescheiden geworden mit solchen Begriffen wie Heimat. Aber es ist nicht zu leugnen, dass es eine Sehnsucht nach Geborgenheit gibt, vielleicht mehr denn je. Diese Geborgenheit suchen wir zumeist unterwegs, für Augenblicke. Diese Augenblicke halten wir fest im Gedächtnis. Manchmal gelingt es uns sie auszudrücken, so wie du aus sinnlichen Eindrücken Gedichte gemacht hast, die uns auch heute noch plastisch vor Augen treten. Gerüche, Klänge, Farben, wenn wir ihnen Orte zuschreiben und Namen geben, und wenn sie uns plötzlich an einem Ort, sei dieser noch so fern von unserer Wiege, vom mütterlichen Heim, erscheinen, dann fühlen wir uns ein wenig Zuhause.

In deinem Wintermärchen ist Hamburg abgebrannt, und der Wehmut des Verlorenen spricht dein lyrisches Ich eine Aufmunterung zu. Alles wieder aufbauen und das Leben bessern, besser machen, als es vorher war. Heimisch bist du hier nicht geworden, doch hat diese Stadt deiner ersten Lieder und deiner ersten unglücklichen Liebe dich vielleicht mehr geprägt als jede andere.

Wie sehr du noch daran glauben konntest, dass alles vorangeht, immer besser wird, und dass es sich lohnt, darum zu kämpfen, mehr Klarheit und Recht unter die Menschen zu bringen. Doch dieser Brand aus deiner Zeit, vielleicht die Folge einer Unaufmerksamkeit, wie schlimmer noch wurde er übertrumpft durch menschenverschuldeten Ungeist im folgenden Jahrhundert. Nicht die halbe, ja fast die ganze Stadt lag in Schutt und Asche. Und man folgte deinem Rat und hat sie wieder aufgebaut, ich weiß nicht, ob schöner als zuvor, aber wenn du uns fragst, sind wir uns sicher, bessere Gesetze zu haben. Keine Zensur quält unsere Gedanken. Doch unser Vaterland zu lieben fällt uns nicht leicht. Das einige Deutschland, es hat sich viel zu Schulden kommen lassen und hat, so hoffen die, die dieses Land lieben seine Lehren daraus gezogen. Und ich höre dich fragen aus der Ferne und dennoch eindringlich, "hat es dies wirklich?"

Immer noch plagen wir uns ab mit den selben Fragen. Wie geht man um mit Geld und dem Menschen und seiner Angst vor einem Fremden? Geld haben wir, aber das Vermehren und Verteilen macht Schwierigkeiten. Und der Fremde hat heute einfach einen anderen Namen. Wir sagen ihm, "Werde wie wir und lebe in Frieden" und sind misstrauisch und ungehalten, wenn er uns nicht folgt. Auch wir glauben fest daran, dass der Mensch freier wird durch sein Denken, und wir ertappen uns allzu oft in unfreier, kleingeistiger Pose, wo ein fremdes Wort, ein unbekanntes Stück Kleid uns in Ängste stürzen, unsere Heimat sei unterwandert von Fremden, die nicht zu uns gehören. Und wir fragen uns, sind sie loyal, zu dem was wir aufgebaut haben? Deine Glaubensbrüder, von denen du dich formal und schmerzlich hast verabschieden müssen, sie kannten diese Situation allzu gut. Der freie Mensch will dem Unfreien doch nur helfen, in dem er ihn sich gleich macht. Doch das Freie im

Menschen hat sich seitdem als eine fragile Angelegenheit erwiesen. Du hast es schon geahnt. So war dein dichterisches Streben darauf angelegt, den Menschen in seiner eigenen persönlichen Würde zu befreien. Doch davon, so scheint mir, sind wir weit entfernt. Denn Heimat hat der Mensch nur dort, wo sein Herz sich niederlassen kann. Und in diesem Herzen befindet sich der Schüssel zur Sprache und Landschaft. Beide hast du besungen, wie kaum ein anderer deutscher Dichter. Und hast doch lange Zeit nicht dazugehört. Denn der Mensch kann seine Heimat auch zum Gefängnis machen, zur Kaserne oder zum Schlachthof.

Nein, die Uniform ist nicht mehr der Deutschen Nationaltracht. Am ehesten noch das Trikot der Fußballnationalmannschaft, eines zu deiner Zeit noch nicht erfundenen Spiels zur körperlichen Ertüchtigung und Unterhaltung der Volksseele. Großes Theater sage ich dir, und in diesem Sommer trifft sich die ganze Welt bei uns, um, wie wir alle hoffen, ganz friedlich auszumachen, welche Nation die beste ist in diesem Spiel. Ja, auch das ist heute Deutschland, weit mehr als die Aufklärung im Geiste und Herzen beschäftigt die breiten Massen Spiel und Vergnügen. Ich denke nicht, dass du darüber erbost wärest, vielleicht ein wenig spöttisch über die Bedeutung, die man dem Unbedeutenden zumisst. Das Leben ist schmerzlich genug und ein wenig Freude schadet dem Leidenden nicht, höchstens jenen, die einem das Leben verleiden, und von denen gibt es immer noch genug. Finster schauen sie herüber zu denen, die das Leben lieben.

Deutschland im Winter 2006. Es ist ein liebenswürdiges Land, um das man sich Sorgen machen kann, und wo man oft auch lachen kann darüber, welcher bitterer Trübsinn hier manchmal herrscht. Ist es, weil es uns schwerfällt zu lieben, was uns nahe steht und zu verstehen, was aus der Ferne kommt? Die vielen deutschen Provinzen, die sich mühsam einten, dann dem Wahn verfielen, die ganze Welt zu beherrschen, schließlich in Trümmer zerfielen, aus ihnen ist wie durch ein Wunder ein neues freies Deutschland entstanden. Ein Land, das sich die Deutschen nun mit fremden Völkern teilen müssen. Und das fällt ihnen nicht leicht. Wer kann das besser nachempfinden als du, der du doch so tief in deutsche Sprache und Landschaft hineingetaucht bist und im fernen Paris begraben liegst. Ein langer Weg, die Erziehung des Menschengeschlechts zur Mündigkeit. Manch einer glaubt schon gar nicht mehr daran. Ein dunkler Schatten läge auf der menschlichen Seele, glaubt man. Menschen fallen übereinander her im Namen zorniger Mächte, rettet das Vaterland, verteidigt den Glauben, wie seiden ist da der Faden der Vernunft und der Liebe zum Nächsten. Der Nächste, er könnte ja schon ein ganz anderer sein als meinesgleichen, einer, der eine fremde Sprache spricht und dessen Herz für ein fernes Land schlägt.

So, wie du die Sprache dieses Landes lieben konntest, wach und neugierig verfolgtest die Geschehnisse, so wie du dich gestritten hast mit scharfer Zunge und tiefem Empfinden gegen Missgunst und Vorurteile, bist du ein Vorbild und Warnung zugleich. Denn einen Lohn für dieses Streben gab es und gibt es nicht. Und der "Judenschmerz", er ist nicht einfach verschwunden, er ist gar unfassbar geworden, nach alldem, was passiert ist.

Der Dichter aber, so höre ich dich sagen, fragt nicht nach Lohn. Er kann nicht anders als schreiben. Er hat sein eigenes Märchen, in dem er erst zu leben beginnt. In deinem deutschen Märchen lebst du fort und sagst uns noch sehr viel. Nur was einem wirklich nahe geht, wird man auch kritisch betrachten. Und wer meint, Kritik sei nur Schmähung, der hat sein Nest auf Sand gebaut. Viele nicken bei derartiger samtseidener Erkenntnis nur müde, denn sie meinen, sie hätten ihre Lektion schon gelernt. Doch schon bei der ersten Prüfung misslingen ihnen die ersten Klänge. Sie ziehen über den andern her im Glauben, dies allein sei Verteidigung der Freiheit und Vaterlandsliebe. Doch das scharfe Wort ist nur nach außen gerichtet, es lässt die Festung des Eigenen unberührt. Deshalb lese ich dein Wintermärchen nicht wie ein Zanklied an ein fernes Land, sondern als Hymne über die eigene Heimat, in der du gerade das kritisch prüfst, was dir nahe geht. So bist du deutscher als jene, die dich beschuldigten, "ein Franzos'" geworden zu sein. Und diejenigen, die in dir den gefährlich frechen Juden sahen, haben ihr Land befleckt und geschändet, wie nie zuvor.

Deutschland im Winter 2006 lag für dich in ferner Zukunft. Doch wie vergangen ist für uns die Zeit in deinem Wintermärchen?

Kleine Straßen meiner Kindheit

Istanbul ist die Stadt der kleinen Straßen. Für eine Metropole dieser Größenordnung gibt es erstaunlich wenige prächtige Boulevards, stattdessen viele kleine Seitenstraßen, enge Gassen, die auf keinem Stadtplan zu finden sind, und die die Stadt wie ein feines Adergeflecht überziehen. So hat man oft das Gefühl, dieser Stadt nicht entfliehen zu können.

In der kleinen Straße im dem asiatischen Teil Istanbuls, in der ich in den sechziger Jahren meine Kindheit verbrachte, waren viele Sprachen zu hören. Neben Türkisch gehörten unter anderem Armenisch, Griechisch und Ladino, die Sprache der von Spanien Ende des 15. Jahrhunderts vertriebenen Juden, dazu.

1970 wanderte ich mit meinen Eltern nach München aus. In München vermisste ich neben meinen Spielkameraden vor allem die Schiffe und das Meer, das in Istanbul überall gegenwärtig ist. Sowohl der europäische als auch der asiatische Teil der Stadt werden von ihm zärtlich umarmt, so dass man mit dem Schiff von einem Kontinent zu anderen übersetzen kann. Oder ist es vielleicht so, dass Istanbul sogar das Meer gefangen hält?

In München angekommen reduzierte sich die Sprachenvielfalt zunächst auf Deutsch und Bayerisch.

In den folgenden Jahren fuhr ich mit meinen Eltern jeden Sommer nach Istanbul in unsere kleine Straße. Und von Jahr zu Jahr verschwanden immer mehr der vielen Sprachen, mit denen ich aufgewachsen war, bis auf das Türkische. Die Menschen, die sie einst gesprochen hatten, waren ausgewandert. Die meisten von ihnen nicht in ein europäisches Land, wie wir, sondern noch viel weiter weg, nach Amerika. Sie dachten bestimmt nicht mehr an Rückkehr, wie wir.

Wie überall waren in den Vitrinen und auf Reklametafeln zunehmend englische Wörter zu lesen. Istanbul wird jetzt eine Weltstadt, hörte man die Leute sagen, als wollten sie einander versichern, dass sie noch auf der Welt sind.

München dagegen veränderte sich auf andere Weise. Jetzt waren mehr Sprachen in der überschaubaren Stadt zu hören; neben dem Türkischen auch Italienisch, Griechisch, Spanisch und Serbokroatisch, nur um einige von ihnen zu nennen. Mir kam es vor, als wäre die Sprachenvielfalt uns nachgereist.

Inzwischen trauert man in Istanbul um die verlorenen Sprachen. Eine Welle der Nostalgie breitet sich aus. Sephardische Musik, Lieder auf Griechisch und Armenisch haben Konjunktur. In ihnen drückt sich die Sehnsucht nach alten Zeiten aus, in denen die Stadt multikulturell und polyphon war. In einigen Stadtteilen ist sie es ja auch heute noch. Wenn auch nicht mehr in unserer kleinen Straße.

In Deutschland aber macht man sich Sorgen, um den Stellenwert der deutschen Sprache. Vor allem die Türken stehen in Verdacht, nicht gut genug Deutsch zu sprechen. Zumindest sprechen sie ihre eigene Sprache öffentlich und laut in den Untergrundbahnen und auf Schulhöfen. Manchmal mischen sie auch die Sprachen, und ein außenstehender Betrachter kann nicht mehr urteilen, wohin er diese Menschen einordnen soll.

Mir ist diese Idee, dass eine Sprache nur auf Kosten einer anderen gedeihen kann, vollkommen fremd. Menschen können ihre Sprachen ebenso schwer aufgeben wie ihre Gefühle. Eher noch geben sie ihr Land, ihr Haus und ihren Lebenspartner auf.

Sprachen aber sind weitaus weniger eifersüchtig als der Mensch, der sie spricht. Ich glaube fest daran, dass sie sich vertragen, solange genug Platz im Kopf eines Menschen ist, um sie unterzubringen.

Schreiben Sie jetzt auf Türkisch? Diese Frage muss ich in letzter Zeit öfters beantworten. Früher lautete die Frage noch: Warum schreiben Sie nicht auf Türkisch? All diesen Fragestellern widme ich diesen kleinen Text. Dass ich nach über zwanzig Jahren literarischen Schaffens in deutscher Sprache nunmehr auch einen Band mit Gedichten auf Türkisch veröffentlicht habe und dabei bin, zwei Romane auf türkisch zu publizieren, dass mir nach wie vor manche, vor allem poetische Texte, auf Türkisch einfallen, sollte niemanden beunruhigen. Mich selber auch nicht.

Rückkehr auf die Insel

Die Angst überfallen zu werden, nimmt ab, je mehr ich mich der Küste annähere. Dort wo das Land endet, verschwindet auch der Druck, sich orten zu müssen. Auf dem Wasser sind Einheimische und Fremde gleich. Schwimmer oder Nichtschwimmer, lautet die Frage. Kein Mensch fühlt sich da zu Hause. Auch die Fischer müssen irgendwann an Land zurückkehren. Wo sie auch nicht mehr ganz zu Hause sind, seitdem sie in See stechen.

Auf der Überfahrt zur Insel fallen mir die ersten verpackten Menschen auf. Sie haben Tücher um den Leib gewickelt, die aus der Ferne an Leichentücher erinnern, sitzen regungslos da, starren auf ihre Fußspitzen, als öffnete sich von dort aus ein Ausblick auf ihr vergangenes Leben.

Da wo ich herkomme, liest man die Zukunft. Hierzulande vertieft man sich in die Vergangenheit, als hätte man sie gar nicht erlebt, als müsse man sie erraten, als könne man sie gestalten. Während die Zukunft mit der Sprache zu erforschen ist, erfordert die Vergangenheit eine Zeichensprache. Zu entschlüsseln nur für jene, die dieselbe Vergangenheit haben.

Wie lange war ich schon nicht mehr hier. In der Zwischenzeit habe ich den Anschluss verloren. Die Menschen um mich herum sind abgetaucht in ihre Vergangenheit. Der dünne Gesprächsfaden zwischen mir und ihnen ist abgerissen. An der Sprache, die ich gelernt habe, um Freunde in diesem fremden Land zu gewinnen, erkennt man mich als Fremden, der sich unbefugt Zutritt verschafft hat. Denn als ich hierher kam, kannte ich niemanden. Inzwischen habe ich einige ehemalige Bekannte, die mich nicht mehr kennen. Wir haben uns auseinandergelebt, weil ich ihrem Widerstand gegenüber dem Leben nichts entgegenzusetzen hatte. Ich lebe, und das macht mich überflüssig. Meine Gegenwart stört, denn sie ist gleichbedeutend mit der Gegenwart in der Zeit, die eine unüberbrückbare Barriere zwischen der

Innenwelt der hiesigen Menschen und ihrer Außenwelt darstellt.

Die Frau mit dem Rad, die ich begleite, wäre vor einem Jahrzehnt, als sie zum ersten Mal auf die Insel fuhr, noch nervös gewesen. Auf der Flucht vor einer zerrütteten Beziehung war sie damals. Jetzt schleppt sie ihren Beziehungsunrat mit sich, in der Hoffnung ihn unterwegs los werden zu können. Sie hat ihre Wunden bandagiert, um sie gegen den Wind und die Sprüche im Wind zu schützen. Sogar ihr Lächeln ist bandagiert. Doch ich erkenne sie auch so wieder. Damals, als ich kaum ein Wort ihrer Sprache verstand, hatte sie mich angesprochen und einen ganzen Tag mit mir verbracht. Jetzt ist sie meine Frau und ich weiß nicht einmal, ob sie mich bei sich schlafen lassen wird. Sie hat Bekannte auf der Insel, mit denen sie allein sein will. Man fährt auf die Insel, um die Verpackung zu erneuern, die schmutzigen Bandagen zu wechseln, und nicht etwa, um sie los zu werden. Sie wird auf der Insel ihre Runden drehen und von einer langen Reise träumen, von der es keine Rückkehr gibt.

Niemand auf dem Schiff will zurückkehren. Niemand will ankommen. Man hat seinen Walkman dabei, richtet sich auf dem Schiff ein und hofft, dass es in keinen Hafen einläuft.

In diesem Sommer, der kein Sommer ist, sondern eine kurze, launische Übergangszeit zwischen raueren Jahreszeiten, kürzt man seine Lebensträume, seine Atemzüge, seinen Proviant. Manchmal schält sich die Sonne sogar aus ihrer Verpackung heraus und wird für ein Ungeheuer gehalten, das man bändigen müsste. Dabei ist sie zu schwach, um unter die Haut zu gehen.

Vielleicht bin ich der Grund dafür, warum sich die Leute auf dem Schiff verpackt haben. Bin ich die unberührbare Person, vor deren Blicken man sich schützen muss? Bin ich der Zerbrochene, dessen Anblick das gefürchtete Spiegelbild eigener Brüche und Unvollkommenheit ist?

Das Schiff legt an. Eine Sirene ertönt. Es ist nicht die Schiffssirene, sondern das Blasinstrument irgendeines verstörten Engels, der das nahende Ende aller Zeiten verkündet. Ein paar Abgestürzte vom Prenzlauer Berg haben ihre apokalyptischen Bräute dabei, mit denen sie türmen wollen, bevor die Insel in den Fluten versinkt. Paarweise verschwinden sie in den Wald und glauben so, das logistische Problem der Familienzusammenführung nach dem Untergang lösen zu können. Wenn es ein Leben nach dem Tod gibt, mit wem lebt man dann zusammen?

Ich steige als letzter aus. Die meisten Häuser sind hinter Gerüsten und Schutzplanen verschwunden. Auf der Insel wird gebaut. Von wem? Für wen? Die Gärten sind mit Folien abgedeckt. Die Dorfkirche, das Museum und die wenigen öffentlichen Gebäude sind zu. Die Bewohner sind im Urlaub oder abgewandert. Die Touristen sind unter sich und verhandeln über die spärlichen Übernachtungsmöglichkeiten. Die meisten legen sich in Schlafsäcken an den Strand.

Der Himmel hat sich verdunkelt. Es fallen ein paar Tropfen Regen, die kaum für Erleichterung in den aufgeblähten Wolken sorgen. Die erdigen Wege habe sich geleert, die Tische im Freien werden geräumt. Man drängt sich in den engen Kneipen um die Nahrungsreste, die die Generationen zuvor übriggelassen haben. Viele kamen als Eroberer, manche kehrten geschlagen und ihrer letzten Habe beraubt zurück, die meisten endeten als Geisel des Meeres oder schafften es nur bis zu den ausweglosen Klippen.

Die Bedeutung dieser Resteverwertung bei der Ernährung ist nicht zu unterschätzen. In ihr drückt sich der Protest auf alles Neue aus, auf das, was ungeplant und unbeherrschbar auf die Überlebenden zukommt. Diese wollen sagen, "wir kommen aus, wir brauchen weder Zulauf von außen noch Einfuhren, wir genügen uns selbst". Die Nahrungskette ist ein verschlüsselter Ausdruck für ihre Sehnsucht nach Kontinuität. In letzter Konsequenz müsste das Ausgeschiedene wieder dem Körper zugeführt werden, bis kein Rest mehr übrig ist. Ähnlich wie in der Sprache, wo jedes ausgesprochene Wort wieder aufgenommen wird, bis die Wörter versiegen. Die Einsilbigkeit der Menschen hier ist kein Charakterzug, sondern eine Konsequenz ihrer guten Verdauung.

Die Insel ist ausgebucht. An diesem Tag fährt kein Schiff mehr zurück. Der Strand ist voller Mücken. Der Ostwind schleppt sie haufenweise heran, der Regen drückt sie auf den Boden. Sie gruppieren sich um die Schlafsäcke, die sich nicht rühren. An einigen Stellen wird Feuer gemacht. Vergeblich sucht man nach dem roten Strich am Horizont, der auf eine ferne glücklichere Welt deuten und Gesprächsstoff für den nächsten Lebensabschnitt liefern könnte. Aber er bediente auch damals, als er jede Nacht pünktlich und wie von einer gekonnten Hand gezeichnet erschien, nur die Augen derer, die auf dem Boden kauerten, die wirren Traumbilder derer, die in Hockestellung schliefen, derer, die in ihren Schlafsäcken von der Außenwelt abgeschnitten in ihrem Schweiß badeten. Auch damals war die Insel nur eine Muschel, aus deren Schlitz man die Welt als einen Streif am Horizont mehr erahnen, erträumen, erhoffen konnte, als sehen und begreifen.

Als ich lange genug gelaufen bin, um auf niemanden mehr zu stoßen, vollständig eingehüllt von der lichtlosen Nacht, ziehe ich mich aus und gehe ins Wasser. Der Wellengang ist hoch, das Wasser hat eine bittere Kälte, an die ich mich mit der Zeit gewöhnen werde. Ich werde schwimmen und mich treiben lassen, bis hinter meinem Rücken kein Land mehr zu spüren ist. Einschlafen, dort, wo ich niemandem Platz wegnehme.

Zwischen den Büchern

Als Kind wurde ich in ein anderes Land gebracht. Das ist wie eine zweite Geburt. Die Welt reduziert sich plötzlich auf das andere Land. Ich lernte die Sprache des anderen Landes nicht wie eine Fremdsprache. Denn beim Spielen gibt es keine Fremdsprachen. Dabei verlief die Sprachgrenze ziemlich genau um unser Haus herum. Drinnen die Sprache meiner Eltern, draußen die Sprache des anderen Landes, die Sprache meiner Kameraden. Eine unsichtbare Grenze, die ich jeden Tag passierte, ohne mich ausweisen zu müssen.

Irgendwann kauften sich meine Eltern einen Fernsehapparat, und die deutsche Sprache wurde auch bei uns zu Hause hörbar. Doch immer nur wie eine Sprache, die von Gästen gesprochen wird. Denn der Fernseher lief nur für wenige Stunden am Tag. Und die Lautstärke ließ sich problemlos regulieren. Seltsamerweise erbrachte die Komplizenschaft des Fernsehers für mich keine weitere Annäherung an die deutsche Sprache, sondern eher eine Distanzierung. Seine Sprache erinnerte mich daran, dass es sich bei ihr um eine Fremdsprache handelte, die bei uns zu Hause nicht gesprochen wurde.

Es gab auch eine Konkurrenz zwischen Radio und Fernsehapparat. Denn das Radio sprach Türkisch. Vor allem die Nachrichten und Sportübertragungen wurden mir in türkischer Sprache vermittelt. Der Empfang war oft so schlecht, dass es einiger Phantasie bedurfte, um ihm zu folgen. Wenn die Stimme des Reporters in einem Meer von Nebengeräuschen unterging, vom Reporter oder der Musik einer benachbarten Frequenz, beispielsweise Radio Tirana, verdrängt wurde, half meistens nur ein wiederholtes Ein- und Ausschalten. Eine echte Geduldsprobe, die bei mir jede Illusion zerstört hat, die verlassene Heimat Türkei läge um die Ecke.

Ich besaß Bücher in beiden Sprachen und hatte auch den gleichen Spaß beim Lesen in der einen oder anderen Sprache. Die deutschen Bücher hatten oft schöneres Papier und einen besseren Druck. Es war auch sinnvoll, die Bücher nach den Sprachen zu sortieren. Denn aufgrund der unterschiedlichen Papier- und Druckqualität vertrugen sie sich nebeneinander nicht. So entstand in meinem Bücherregal eine weitere sonderbare Grenze. Lange Zeit nahmen die türkischen Bücher in etwa den gleichen Platz ein wie die deutschen. Mit der Zeit veränderte sich dieses Verhältnis zu Gunsten der deutschsprachigen Bücher.

Bei Wörterbüchern wurde ich unsicher. Wo sollte ich sie hinstellen? Diejenigen, die ich besaß, waren in der Türkei gedruckt worden, aber es handelte sich dabei um einen Raubdruck und der Drucker hatte sich sichtlich viel Mühe gegeben, deutsche Wertarbeit nachzuahmen. Ich entschied mich, sie vorerst zwischen die deutschen und die türkischen Bücher zu stellen. Aufgrund des übermäßig großen Formats und ihrer auffallenden Dicke bauten sie sich wie eine Mauer zwischen den übrigen Büchern auf. Nein, das sah gar nicht gut aus. Denn ich achtete aus ästhetischen Gründen sehr darauf, dass die Bücher auch von der Größe her einigermaßen zusammen passten. Ein deutsch-englisches Wörterbuch, das mir eines Tages geschenkt wurde, brachte die Lösung. Die Wörterbücher bekamen ein eigenes Fach. Die englische Sprache lockerte die Grenze zwischen Deutsch und Türkisch wieder auf. Später kamen auch Französisch und Arabisch dazu. Und ein deutsch-persisches Wörterbuch, auf das ich besonders stolz war, weil ich das vergriffene Buch günstig erstanden hatte und später manches osmanische Diwangedicht nur mit Hilfe meines Vaters oder dieses Nachschlagewerkes verstehen konnte.

Die Lyrik der Diwandichter reizte mich, ebenso wie die Dichtung von Paul Celan oder die von Garcia Lorca. Diese Dichter hatten alle an einem Schnittpunkt von Sprachen geschrieben, schöpften ihre Symbolwelt aus unterschiedlichen Kulturen und Glaubenswelten. Ihr Werk ist wie eine von unsichtbaren Grenzen durchzogene Landkarte.

Wenn es ein Grenzproblem zwischen zwei Sprachen gibt, wenn man zum Beispiel nicht mehr bestimmen kann, welche von ihnen die Fremdsprache ist, kann eine dritte Sprache manchmal schlichten. Sie übernimmt die Funktion der Fremdsprache und keine der anderen muss sich zurückgesetzt fühlen.

Sprache ist wie ein Sinnesorgan. Mit ihr kann man sehen, was kein Auge zeigen kann, hören, was dem Ohr verborgen bleibt. Wer lässt sich schon gerne ein Auge oder ein Ohr amputieren?

Meine ersten Gedichte schrieb ich sowohl auf Deutsch als auch auf Türkisch. Als ginge es wieder einmal darum, eine Grenze zu überschreiten, schrieb ich zu Hause meistens auf Deutsch, draußen aber eher auf Türkisch. Vielleicht wollte ich auch zu Hause draußen sein und draußen zu Hause bleiben. Ich folgte der Sprache, die auf meine Zunge kam, die auch aktiv ist, wenn man liest. Denn beim Lesen dringt man in den Kopf eines anderen Menschen ein, folgt der Spur der Wörter, die seine Zunge aufgesucht haben. Nur der Geschlechtsakt kann die selbe Intimität aufweisen.

Ich habe mich niemals für eine Sprache entschieden. Andere Menschen, vor allem Kritiker und Wissenschaftler, nehmen mir diese Entscheidung ab. Für sie bin ich ein deutscher, ein türkischer, ein deutsch-türkischer oder einfach nur ein deutschsprachiger Schriftsteller. Ein deutschsprachiger Türke oder ein türkischsprachiger Deutscher sind reichlich Grund für Beschäftigung.

Nie wäre ich auf den Gedanken gekommen, an meiner Muttersprache Verrat begangen zu haben, weil ich auf Deutsch schreibe. Offensichtlich aber können mich Menschen in dieser Sprache nur in Übersetzung lesen. Meine Texte müssen meiner Mutter übersetzt werden. Ich muss zugeben, dass mich dieser Gedanke schmerzt. Andererseits, ist nicht jedes Gedicht eine Übersetzung? Und ist das Übersetzen nicht ein heilsamer, den Schmerz lindernder Eingriff an einer Nahtstelle? Fragen, die mich beschäftigen werden, solange ich schreibe.

Dichter gibt Auskunft
Ein Telefoninterview

Herr Şenocak, sind Sie ein deutscher oder ein türkischer Dichter?

Ich bin kein deutscher Dichter. Ich bin nur Deutscher. Ich könnte auch sagen, ich bin Türke, aber das würde nichts daran ändern, dass ich ein Dichter bin.

Das nehme ich Ihnen jetzt aber nicht ab. Kein Mensch kommt von selbst auf die Welt. Dichter sind auch Menschen, haben eine Mutter und einen Vater, und ein Land aus dem sie stammen, ein Vaterland. Bei Ihnen sagt man Mutterland dazu, nicht wahr. Vielleicht verstehen Sie jetzt, was ich meine? ...Hallo, sind Sie noch dran? Können Sie mich hören?

Ich höre Sie gut, aber wenn wir schon bei den Dichtern sind, dann sollten wir vielleicht über die Art und Weise sprechen, wie sie schreiben. Also über die Sprache, Stilfragen, Schreibstrategien. Über die persönliche Sprache jedes einzelnen Dichters. Über die Bilder und Figuren in seinem Kopf. Über seine Schlafgewohnheiten, seine Lieblingsspeisen, die Kindheit und das Altern, all das scheint mir dringlicher zu sein, als ein Land, von dem ich weder die Mutter noch den Vater kenne.

Schreiben Sie auch auf Türkisch? Und würden Sie sich als zweisprachigen Dichter bezeichnen? In welcher Sprache träumen Sie?

Ich träume nur selten, aber wenn ich träume, dann in einer Sprache, die ich nicht verstehe. Ich glaube auch nicht, dass ich auf türkisch oder auf deutsch dichte, ich dichte in meiner eigenen Sprache.

Vielleicht sind Sie deshalb so unverständlich. Aber das ist Ihr gutes Recht, so zu schreiben wie Sie wollen. Wir sind ja hier in Deutschland, nicht in der Türkei. Wir leben in einer Demokratie.

Stimmt. Wir Deutschen haben die Demokratie sogar erfunden.

Na ja, so weit würde ich nicht gehen. Aber wir wollen ja über Poesie sprechen und nicht über Politik, oder?

Kann man das trennen?

Wie? Jetzt bin ich aber überrascht. Ich dachte, Sie würden immer sehr viel Wert auf diese Trennung legen. Sind sie ein politischer Dichter?

Ich bin ein politischer Mensch. Aber das ändert nichts daran, dass ich ein Dichter bin.

Sie verwirren mich.

Das ist okay!

Ich habe das Gefühl, mit meinen Fragen nicht weiter zu kommen. Sie geben ausweichende Antworten. Ich kann Sie in den Antworten nicht erkennen.

Dann müssen Sie mich ja schon gut kennen, wenn Sie denken, dass meine Antworten nicht von mir stammen. Von wem dann? Vielleicht von einer anderen Person in mir, die sich Dichter nennt? Jeder Mensch hat etwas von einem anderen.

Wir wollen diesen Disput nicht weiter vertiefen. Ich glaube, er führt nicht weiter. Ich würde zum Schluss gerne wissen, ob Sie viele deutsche Freunde haben. Ich meine, stehen Sie in Kontakt mit deutschen Kollegen?

Sie könnten mich auch fragen, ob ich Tennis spiele? Autofahren kann? Ab und zu chinesisch koche? Wissen Sie in welcher Stadt ich wohne?

In Berlin doch, oder? Haben Sie vielleicht einen Zweitwohnsitz in Istanbul, der mir nicht bekannt ist? Wo haben Sie denn Ihren Lebensmittelpunkt?

Ich habe eine Wohnung, da drinnen auch Lebensmittel, aber keinen Lebensmittelpunkt. Manchmal kommen auch Freunde und Kollegen zu Besuch. Ich frage sie nicht nach ihrem Pass. Meine Freunde und ich, wir haben die Grenzkontrollen an unseren Haustüren abgeschafft.

Veröffentlichungsnachweis

"Mein Vater – ein Lebenslauf" in: Frankfurter Allgemeine Zeitung, 20. Oktober 2005.

"Zwischen Koran und Sexpistols", erschienen unter der Überschrift "Die Hilflosigkeit des religiösen Dialogs" in: Die Welt, 20. Juli 2005.

"Ein Kalif, der malt", unter der Überschrift "Ein Oberhaupt, das Aktbilder malt", in: Die Welt, 7. Dezember 2004.

"Karikaturen des Glaubens", in: Der Tagesspiegel, 6. Februar 2006.

"Islam Übersetzen", in: Die Welt, 26. September 2003.

"Die Vermessung des dunklen Kontinents", unter der Überschrift: "Gebotene Befriedigung", in: Die Welt, 26. Mai 2006.

"Ungeschriebene Briefe an die Väter", in: die tageszeitung, 25. November 2004.

"Islam, öffne dich!" In: Frankfurter Rundschau, 5. Juli 2006.

"Erinnerung an die übersetzende Religion", unter der Überschrift: "Vernunft und Religion", in: die tageszeitung, 22. November 2004.

"Kein Staatsschutz vor dem Islam", unter der Überschrift: "Reformtheologen gesucht", in: die tageszeitung, 22. Mai 2006.

"Ehre Oder Würde?" Unter der Überschrift: "Gegen die Ansprüche der Ehre", in: die tageszeitung, 3. Mai 2006.

"Der Krieg in den Köpfen", in: die tageszeitung, 26. Juli 2006.

"Vom Teilen", in: Der Tagesspiegel, 3. August 2006.

"Die beschädigte islamische Psyche", unter der Überschrift: "Die Beschädigung des Islam", in: die tageszeitung, 21. Juni 2002.

"Adenauerplatz", unter der Überschrift "Dunkle deutsche Seele", in: Die Welt, 7. Oktober 2005.

"Feindbild Mischling", in: Der Tagesspiegel, 31. März 2006.

"Erweiterte Geschmäcker", in: die tageszeitung, 1. Juni 2006.

Alle anderen Texte sind Erstveröffentlichungen.